HISTOIRE

DE LA RÉVOLUTION

DE MIL HUIT CENT TRENTE.

IMPRIMERIE D'HIPPOLYTE TILLIARD, RUE DE LA HARPE, N° 88.

Le Lieutenant **PETIT**, de la G.de Municip.le de Paris.

Décoré de Juillet Chev.er de la Légion d'honneur. —
Ancien Officier d'État major du G.al Lafayette à l'H.l de Ville. —
Auteur de l'histoire de la Révolution de 1830 dédiée au Roi.

HISTOIRE

DE

LA RÉVOLUTION

DE MIL HUIT CENT TRENTE,

ORNÉE DE QUARANTE LITHOGRAPHIES,

AVEC

PORTRAITS EN PIED DU ROI, DES PRINCES ET DES PRINCIPAUX PERSONNAGES

DESSINÉS ET LITHOGRAPHIÉS D'APRÈS NATURE.

Par **M. PETIT,**

LIEUTENANT AU CORPS DE LA GARDE MUNICIPALE DE PARIS.

Dédié et présenté au Roi.

PARIS.

L'AUTEUR, RUE DE TOURNON, N° 10;

HAUTECOEUR-MARTINET, rue du Coq-Saint-Honoré, n°° 13 et 15;   CHAILLOU-POTRELLE, rue Saint-Honoré, n° 140 ;
AUMONT, rue Jean-Jacques-Rousseau, n° 10;   DUREUIL, Libraire, rue des Deux-Ponts, n° 2, île Saint-Louis;

PALAIS ROYAL, CHEZ TOUS LES LIBRAIRES;

DANS LES DÉPARTEMENTS ET A L'ÉTRANGER, CHEZ LES PRINCIPAUX LIBRAIRES.

1831.

Cabinet du Roi.

Palais Royal, le 10 Novembre 1830.

Le Roi voit avec un vif intérêt, Monsieur, les soins que vous prenez pour reproduire sur le papier les mémorables actions de notre Révolution de 1830. Vous avez entendu ce que Sa Majesté vous a dit elle-même, à ce sujet, dans l'audience où vous lui avez présenté la première livraison de votre Ouvrage. Dans cette audience, le Roi en a accepté la dédicace, et m'autorise à vous le répéter ici de sa part.

Veuillez bien, Monsieur, agréer l'assurance de mes sentiments les plus distingués.

Le premier Secrétaire du Cabinet,

Le Bon Fain.

M. Petit, Lieutenant de la Garde municipale.

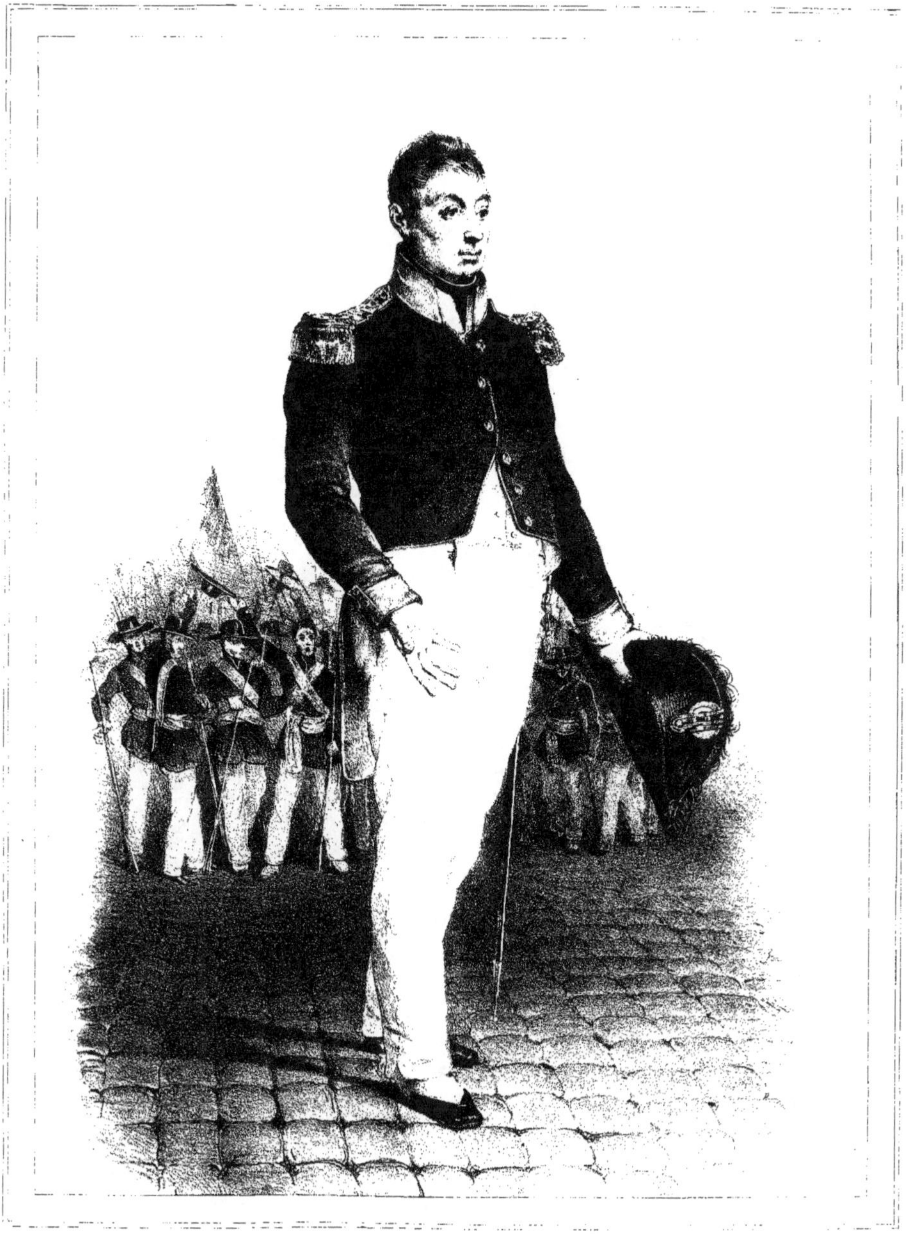

Julien del. — Petit direx. — L. de Benard et Bichebois

30 et 31 Juillet 1830.

LAFAYETTE.

Reçu des Braves Patriotes d'Elbeuf, de Rouen et du Havre &c.

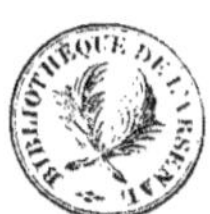

Introduction.

Les Nations, on l'a dit depuis long-temps, sont progressives. Elles ne souffrent un gouvernement qu'autant qu'il reconnaît la loi du progrès, et qu'il s'y soumet. Résiste-t-il, elles le brisent. Lorsqu'un vent favorable enfle les voiles d'un vaisseau, si l'ancre, fixée dans le roc, le retient immobile, on coupe le cable et le vaisseau s'élance, fier et majestueux, vers sa destination.

La révolution de 1830 a été spontanée, vive, audacieuse : c'est que de la volonté à l'action le mouvement est instinctif et rapide. Depuis long-temps la France était fatiguée. La génération ancienne supportait encore ses maux : mais la jeunesse, bouillonnant sous le feu d'une intelligence précoce, s'enivrant avec enthousiasme des inspirations d'une liberté sage et forte, attendait, impatiente, l'heure de l'affranchissement : cette heure a sonné, et le despotisme a trouvé en face de lui des masses mises en action par une volonté unique contre laquelle auraient été impuissantes et vaines les forces militaires les plus imposantes.

Certes, les avertissements sévères n'ont pas manqué à la dynastie déchue. Jamais peut-être, dans les fastes des nations, l'opinion ne s'était manifestée plus énergique et plus solennelle ; mais le gouvernement conspirait contre le pays. Ses plans, ses systèmes étaient irrévocablement arrêtés. Arrière les consciences timides ! arrière les amis dévoués qui voient le danger et veulent l'éviter ! Plus de retards ; le passé ne peut vivre plus long-temps en paix avec le présent : il faut une lutte et une lutte à mort.

La révolution de 1830 n'est pas tout entière avec ses causes, son dénouement, dans les journées de juillet. Ces journées sont les dernières scènes d'un drame qui commence à la restauration.

Revenus à la suite des troupes ennemies, les Bourbons, en posant le pied sur le sol français, se sont considérés comme en pays conquis. Leur première pensée a été une pensée rétrograde ; et, s'ils l'eussent osé, au lieu de finir par le despotisme, ils auraient débuté par lui. Mais Louis XVIII ne s'était pas mépris sur les applaudissements qui l'avaient accueilli à son passage. Le temps était bien loin où l'homme se prosternait devant l'homme. Il le savait. Il vit, dans l'enthousiasme de la nation, ce qui y était effectivement : la haine de l'empire, l'espérance d'institutions libres, et non l'amour d'une dynastie dès long-temps oubliée. Louis XVIII comprit les mœurs et les besoins de son époque : voilà son mérite ; et la Charte fut *octroyée* par politique plutôt que par goût.

Octroyée !... La France ne prit pas garde alors à cette formule de conquérant, formule insolente, tout empreinte de théocratie et de je ne sais quelle légitimité qui nie le droit et sanctifie la force. Elle croyait aux serments : elle posa ses armes et reçut avec joie une famille qui lui promettait la liberté ; heureuse, si, en saisissant le pavois qui portait Louis XVIII au *trône*, elle n'avait pas senti sa main froissée par la main de l'étranger.

Le malheur punit les rois ; il ne les corrige pas. La France, après une année d'épreuves, comprit cette vérité. Menacée d'un despotisme avilissant parce qu'il était sans gloire, elle chassa de nouveau la dynastie qui avait trahi ses serments. Aussitôt un cri aigu retentit dans toute l'Europe : à nous, Russes, Anglais, Prussiens ! s'écrièrent les Bourbons ; guerre au peuple libre et fier qui ne veut pas l'esclavage, même sous un roi légitime ! Et la Prusse, l'Angleterre, la Russie, l'Autriche elle-même répondirent à ce honteux appel. La guerre s'amoncela terrible sur nos frontières.... Un soleil vit se décider le sort de la France; et, sur la terre sanglante de Waterloo, les Bourbons vinrent ramasser leur couronne tombée; mais le sang français l'avait tachée, et ces taches ne s'effacent jamais !

Louis XVIII avait octroyé la Charte par raison, il l'aurait conservée par prudence; mais il ne commandait pas seul : des nobles, des émigrés, des prêtres, que la révolution avait chassés, étaient rentrés avec lui. A cette devise, *union et oubli*, ces hommes répondirent par des cris de haine et de vengeance. Il leur fallait des victimes : le roi signa une liste de proscription; les échafauds se dressèrent, et, dans certains pays, les hommes de 1815 luttèrent d'atrocité avec quelques hommes de 93. La couronne en fut effrayée. Alors commença ce système de bascule qui prouve en même temps l'adresse et l'impuissance. Louis XVIII ne gouverna point. Placé entre deux partis, il intervint incessamment comme conciliateur; mais en vain il sacrifia successivement à la colère d'une faction, la liberté de la presse, la liberté individuelle, les élections : il ne fit qu'éluder la contre-révolution et mourut sans avoir pu la vaincre.

Le règne de Charles X fut plus systématique que ne l'avait été celui de Louis XVIII. Toutefois, avant d'agir, il était d'une bonne politique de satisfaire aux exigences des auxiliaires nés du despotisme. Ce fut la première pensée du nouveau monarque. Aux prêtres, il accorda de l'argent, des commimautés, des missions, la loi du sacrilége; aux nobles, des sinécures, des rubans, la pairie; aux émigrés, l'indemnité; aux courtisans, aux ministres, le licenciement de la garde nationale. Alors il se crut fort, et marcha droit à son but. Cependant, soit terreur, soit remords, il reculait devant une usurpation trop flagrante: l'hypocrisie, la corruption devinrent des moyens de gouvernement; et la dégradation morale fut le principe des honneurs et des richesses.

Un trône qui repose sur la boue est facilement ébranlé. Plus la liberté était menacée, plus elle trouvait de défenseurs. La corruption et les corrupteurs étaient tombés devant elle; seule la couronne restait inflexible: elle cédait en apparence, mais c'était pour se donner le temps de substituer l'audace à la ruse.

L'histoire redira quelle terreur se répandit dans toute la France à l'apparition du ministère Polignac. Plus d'illusions possibles : la guerre était déclarée; il restait à disputer la victoire. La nation tout entière s'agita comme si l'étendard étranger eut, de nouveau, flotté sur la frontière. Des associations se formèrent; la presse lutta avec énergie en face des cachots. Les chambres se déclarèrent pour la liberté dans une adresse pleine de force et de dignité. Charles X répondit par une ordonnance de dissolution. Il consulta le pays, et le pays redonna sa confiance aux hommes qui avaient voté l'adresse. Il était temps encore de céder; mais les destins avaient prononcé. Les journées de juillet devaient voir se décider enfin une querelle qui datait déjà de quinze années.

9 Août 1830.

HISTOIRE

DE

LA RÉVOLUTION

DE MIL HUIT CENT TRENTE.

Le dimanche 25 juillet, le calme le plus parfait régnait dans Paris. La beauté du jour avait attiré dans les campagnes voisines toutes les classes de la société. L'ouverture des Chambres était prochaine, et cet événement, plus grand qu'à l'ordinaire, occupait tous les esprits, et, par intervalle, traversait tous les plaisirs. L'avenir était sombre. Cependant on aimait à croire que la couronne, éclairée par les manifestations si énergiques de la pensée nationale, sacrifierait quelques individus aux masses, l'intérêt d'une coterie ambitieuse et rétrograde à l'intérêt général; et qu'ainsi, après quelques démonstrations hostiles entre le trône et le pays, la bonne foi et le bon sens feraient renaître l'ordre et l'harmonie.

Déjà même un fait semblait présager ce résultat si désiré : un grand nombre de pairs et de députés avaient reçu leurs lettres closes. Le roi les convoquait pour l'ouverture des Chambres, avec *ordre de n'y faire faute*. Le ministère se décidait donc à affronter la représentation nationale, ou à fuir devant elle. Dans les deux cas, on espérait une victoire décisive sur les tentatives contre-révolutionnaires, trop souvent et trop audacieusement renouvelées.

Mais les pensées des hommes sages n'étaient point les pensées de la cour. Là, quelques étroits cerveaux, tout enflés de gothiques souvenirs, conspiraient en secret, et prétendaient attacher à des mains débiles la cravache de Louis XIV ou l'épée de Napoléon. Si la France apparaissait tout à coup à ces rêveurs menaçante et terrible, leur imagination s'empressait de la métamorphoser en esclave timide et facile au joug. Quelques terreurs nouvelles agitaient-elles encore leurs esprits, ils regardaient devant eux et croyaient voir la Nation tout entière dans ces hommes accroupis sur les dalles de leurs antichambres.

Des écrivains, dévoués plutôt aux ministres qu'à la monarchie, leur avaient dit: Parlez, et Paris lui-même obéira à une ordonnance qu'un gendarme lui présentera au bout de son fusil. Cette idée les flattait; elle était devenue pour eux une vérité, et cette vérité, ils étaient bien décidés à la mettre en pratique.

L'instruction, dirigée dans ces derniers temps contre les ministres de Charles X, a révélé le secret de cette vaste conspiration, à la tête de laquelle se trouvaient placés tout le ministère et une grande partie du haut clergé. C'est entre ces hommes que les ordonnances qui allaient jeter la perturbation dans le pays, avaient été discutées et décidées. Dans la journée du dimanche s'était consommé ce grand attentat; mais on le préparait depuis plusieurs jours. M. Chantelauze, ministre de la justice, avait consenti à rédiger une espèce d'apologie des ordonnances, ou plutôt un acte d'accusation contre la liberté dont ces ordonnances étaient l'arrêt de mort; et il lui avait fallu du temps pour composer cette œuvre de mensonge et d'hypocrisie. Dès lors il devient difficile d'expliquer l'envoi des lettres closes. Cet envoi est-il le fruit d'un moment d'hésitation, bien concevable sans doute quand il s'agit de jeter un réseau à mailles de fer sur une grande nation? Voulait-on appeler tous les députés à Paris et s'en servir comme d'ôtages contre les forces armées que les ordonnances devaient faire surgir? Ou bien, réservait-on à ces hommes courageux un sort plus horrible?.... Jusqu'ici le fait est environné d'un sombre mystère. L'histoire est réduite à des conjectures; elle doit donc raconter et non juger.

Cependant la journée, si agitée à la cour, s'était écoulée pour le peuple, joyeuse, animée. Chacun rentrait chez soi dans l'espoir de retrouver le lendemain et ses travaux et sa tranquillité, et aussi la protection des lois. Paris, la France entière s'endormaient paisibles sur la bouche enflammée d'un volcan.

Le 26 juillet, dès le matin, un bruit sourd circule dans toute la ville. On parle d'ordonnances qui auraient été signées dans la nuit. Chacun s'éveille à ce cri : *La Charte est violée!*

Ce bruit est vague, incertain; le Moniteur n'a point paru encore, personne n'a lu les ordonnances; seulement, quelques porteurs de journaux ont semé la nouvelle, et cette nouvelle a été recueillie, colportée avec une prodigieuse activité.

Le trouble se répand aussitôt. On s'agite, on accourt, on se presse dans les cabinets de lecture. Les journaux quotidiens sont muets. *L'Universel* lui-même, si prompt à redire les fatales conceptions des ministres, ne contient pas une phrase sur laquelle puisse reposer une conjecture : tant il y a eu de mystère dans cette tentative insensée de retour au despotisme !

Au Palais-Royal, la nouvelle paraît plus certaine, et aussi l'agitation est plus grande.... Partout ailleurs on doute; mais la consternation se peint sur tous les visages. Les conversations sont tumultueuses, heurtées. Ici, on croit à la folie des ministres, là, on n'y croit point; pour quelques-uns, le bruit répandu est un essai de la tyrannie; pour d'autres, c'est une tactique odieuse, mise en action par de criminels agitateurs. Tous attendent avec une profonde anxiété que le Moniteur ait proclamé ses tristes oracles !

Enfin il a paru.... On se groupe avec passion autour de celui qui, le premier, a été assez heureux pour saisir le journal. Lisez à haute voix, s'écrie-t-on; et chaque cabinet de lecture, et les jardins, et les boulevards deviennent autant de clubs, d'où partent à la fois des cris d'indignation et de colère.

Devant l'audace des mesures, disparaissent aussitôt les *fictions* constitution-nelles. De ce moment, Charles X a cessé de régner. Chacun répond de ses propres parjures. Paris, trompé, asservi par lui, l'a confondu avec ses ministres. Comme eux, il sera frappé de la foudre populaire.

Les ordonnances sont lues, ou plutôt publiées. Cette fois du moins, le crime est flagrant; il essaierait en vain de se dissimuler sous des formes hypocrites; aussi est-ce en face même de la Nation, à haute voix, effrontément, que les ministres déclarent violer la Charte. La liberté de la presse ! ils n'en veulent plus; cette ga-rantie des bons gouvernements est pour eux un fléau. Les élections ! ils les bri-sent et façonnent à leur gré un système électoral. Plus d'électeurs qui soient pris au sein de la Nation, plus de députés qui soient les représentants du peuple, plus de lois, plus de Charte ! l'arbitraire, le despotisme !....

Eh ! qui donc acceptera cette forme de gouvernement ? qui sera assez hardi pour jouer un rôle dans le drame sanglant que l'on apprête avec tant d'impru-dence ?.... Qui ? Les ministres d'abord, et à côté d'eux, les *Delavau*, les *Franchet*, les *Dudon*, etc., hommes tarés, dévots ardents, qui, dans d'autres temps ont étalé sur les cadavres de la rue St.-Denis leurs vertus civiques et leur tolérance reli-gieuse. Voilà les actes de la nouvelle organisation politique imposée à la France; voilà ses auxiliaires. Les ordonnances indignent, mais les hommes font frémir; car on sait par expérience que pour arriver au but ils ne reculeront pas devant les moyens (1).

Tout le monde a entendu la lecture des ordonnances, mais chacun veut les voir de ses propres yeux. Le Moniteur passe de mains en mains. Les noms de *Polignac, Peyronnet, Chantelauze, Montbel, d'Haussez, Guernon de Ranville, Capelle,* sont voués à l'exécration publique. Contre l'usage, tous ont signé, comme s'ils avaient craint qu'on ne crût pas à leur solidarité dans ce grand acte de trahison.

A chaque moment, un groupe se dissipe, un autre, cent autres se forment; tout est trouble et confusion dans Paris. Que peut-on faire ? Que fera-t-on ? Quel plan adopter ? Personne n'en sait rien, personne même ne s'en occupe. C'est le moment de la colère; plus tard viendra le sang-froid, et alors s'organisera la résistance. Les heures s'écoulent ainsi. Tous les travaux sont suspendus, non encore par système de défense, mais parce que tous les citoyens sont sous l'influence d'une pensée unique, qui n'admet pas les froids calculs de l'intérêt privé. Le patriotisme, cette vieille vertu que l'on croyait morte, s'est réveillé brûlant au jour du danger, et le deuil public atteste ce réveil.

A deux heures, la bourse s'ouvre; la foule s'y porte : on est impatient de connaître les résultats de ce thermomètre des gouvernements modernes. Là, règne une agitation effrayante. La confiance a disparu, les rentes baissent de cinq francs. De ce moment le crédit s'efface, les caisses d'escompte se ferment, et le commerce reçoit un coup terrible, dont l'effet se prolongera long-temps encore.

Cependant, au milieu de cet ébranlement universel, qui semble annoncer la dislocation du corps social, on aperçoit les restes faibles, mais acerbes d'un système qui s'éteint, et l'on voit surgir aussi les premiers efforts de la liberté.

La police de Paris est confiée à M. Mangin, préfet de police. Plus de hiérarchie dans les pouvoirs; la crise est violente; le gouvernement n'est plus qu'une dictature, et c'est M. de Polignac qui, de fait, s'en déclare le chef. Désormais, il sera en rapport direct avec M. Mangin; toute l'administration roulera entre ces deux hommes. Seuls, ils prétendent diriger les destinées de la France.

M. Mangin est un homme d'action, ardent, fougueux. Plus d'une fois il a exhalé sa haine contre la révolution et ceux qui veulent la conserver; à ces titres, il a été accepté, et le dictateur lui a donné toute sa confiance. Il est dans le secret de la conspiration, et c'est à lui qu'est recommandée l'exécution des ordonnances.

C'est le lundi 26 que les ordonnances sont insérées au Moniteur. Dès le lundi, elles seront exécutoires. Au fond, dans la forme, partout la force se montre. Vers le milieu du jour, M. Mangin supplée officiellement aux formalités de la promulgation : il écrit aux journalistes pour les avertir que leurs journaux seront saisis, si, le lendemain, ils paraissent sans avoir préalablement sollicité et obtenu l'autorisation du gouvernement; il fait défense aux imprimeurs de fournir leurs presses, sous peine de saisie, et de perdre leurs brevets.

26 Juillet 1830

LECTURE DES ORDONNANCES DANS LE MONITEUR,

Au Jardin du Palais Royal

Les cafés, les cabinets de lecture, qui recevront un journal non autorisé, seront aussitôt fermés.

Tous ces arrêtés sont affichés, répandus avec profusion. Point de relâche! Il faut que le lendemain de vastes ténèbres couvrent toute la France : dans l'obscurité, la terreur est plus grande, et elle agit sur les ames les plus fortes. Les agents de police sont de toutes parts en campagne ; les uns surveillent les imprimeries, les cafés ; les autres espionnent les citoyens ; c'est une battue générale. Reste à savoir qui sera pris dans les filets. Pendant ce temps, M. Mangin reçoit les inspirations de M. de Polignac. De sang-froid, il dresse une liste de proscription, et, de concert avec un ignoble magistrat (2), il signe les mandats d'arrêt qui devront être lancés. (3)

A côté de cette force tyrannique et dégradante, une autre se développe. Force puissante, indestructible parce qu'elle prend sa source au cœur des citoyens.

Plusieurs députés étaient présents à Paris. Ils se réunissent chez M. Alexandre Delaborde ; la maison de ce citoyen devient ainsi, pour une fraction de la chambre, le Jeu de Paume de la révolution de 1830. Deux partis peuvent être adoptés contre les ordonnances : la révolte ouverte, la résistance légale. Le premier, plus dangereux, mais plus décisif ; le second, plus séduisant pour un ami de l'ordre que la fumée du canon n'a point encore électrisé, mais aussi plus lent et moins sûr. Avec la révolte ouverte, beaucoup périront, sans doute ; mais noblement frappés, ils tomberont en héros. Avec la résistance légale, on verra se promener encore sur le sol français les échafauds de 1815. La plus haute résistance légale d'ailleurs serait le refus de l'impôt, la réunion des chambres le 4 août. Or, quel serait le résultat ?... On parle, on discute ; et comme il arrive toujours dans les assemblées délibérantes, on se sépare sans décision ; mais d'énergiques professions de foi ont été faites ; elles retentiront au dehors. M. Bernard s'est offert pour présider la chambre le 4 août, et il s'est engagé à proposer la déchéance. MM. de Schonen, Mauguin l'ont appuyé. Cette réunion, quoique sans résultat effectif, est importante pour l'opinion, car elle signale des hommes de cœur, des chefs prêts à régulariser un mouvement et à créer une administration provisoire.

Les journalistes aussi se sont assemblés. Le bureau du journal le *National* est devenu le centre des délibérations ; là, une protestation franche, énergique, toute révolutionnaire, est rédigée et signée ; le lendemain elle paraîtra et donnera le premier exemple de la résistance. L'histoire doit enregistrer cet acte ; elle doit aussi redire les noms des citoyens courageux qui, en face de l'échafaud, ont rappelé au despotisme les droits et la dignité de l'homme.

PROTESTATION.

« On a souvent annoncé depuis six mois que les lois seraient violées, qu'un coup d'état serait frappé. Le bon sens public se refusait à le croire. Le ministère repoussait cette supposition comme une calomnie. Cependant le *Moniteur* a publié enfin ces mémorables ordonnances qui sont la plus éclatante violation des lois. Le régime légal est donc interrompu ; celui de la force est commencé.

» Dans la situation où nous sommes placés, l'obéissance cesse d'être un devoir. Les citoyens appelés les premiers à obéir, sont les écrivains des journaux ; ils doivent donner les premiers l'exemple de la résistance à l'autorité qui s'est dépouillée du caractère de la loi.

» Les raisons sur lesquelles ils s'appuient sont telles qu'il suffit de les énoncer.

» Les matières que règlent les ordonnances publiées aujourd'hui sont de celles sur lesquelles l'autorité royale ne peut, d'après la Charte, prononcer toute seule. La Charte (article 8) dit que les Français, en matière de presse, seront tenus de se conformer *aux lois ;* elle ne dit pas aux ordonnances. La Charte (article 35) dit que l'organisation des colléges électoraux sera réglée par les lois ; elle ne dit pas par les ordonnances.

» La couronne avait elle-même, jusqu'ici, reconnu ces articles ; elle n'avait point songé à s'armer contre eux, soit d'un prétendu pouvoir constituant, soit du pouvoir faussement attribué à l'article 14.

» Toutes les fois, en effet, que les circonstances, prétendues graves, lui ont paru exiger une modification, soit au régime de la presse, soit au régime électoral, elle a eu toujours recours aux deux chambres. Lorsqu'il a fallu modifier la Charte pour établir la septennalité et le renouvellement intégral, elle a eu recours, non à elle-même comme auteur de cette Charte, mais aux chambres.

» La royauté a donc reconnu, pratiqué elle-même ces articles 8 et 35, et ne s'est arrogé, à leur égard, ni une autorité constituante, ni une autorité dictatoriale qui n'existent nulle part.

» Les tribunaux, qui ont droit d'interprétation, ont solennellement reconnu ces mêmes principes. La cour royale de Paris, et plusieurs autres, ont condamné les publicateurs de l'association bretonne, comme auteurs d'outrages envers le gouvernement. Elle a considéré comme un outrage la supposition que le gouvernement pût employer l'autorité des ordonnances, là où l'autorité de la loi peut seule être admise.

» Ainsi le texte formel de la Charte, la pratique suivie jusqu'ici par la couronne, les décisions des tribunaux, établissent qu'en matière de presse et d'organisation électorale, les lois, c'est à-dire le roi et les chambres, peuvent seules statuer.

» Aujourd'hui donc le gouvernement a violé la légalité. Nous sommes dispensés d'obéir. Nous essayons de publier nos feuilles, sans demander l'autorisation qui nous est imposée. Nous ferons nos efforts pour qu'aujourd'hui, au moins, elles puissent arriver à toute la France.

» Voilà ce que notre devoir de citoyens nous impose, et nous le remplissons.

Blanc del.

Petit Arnault.

Lith. E. Ratier & ...

26 Juillet 1830.

PROTESTATION DES DÉPUTÉS

Scène chez M. Casimir de la Borde.

Étaient présents MM. Bernard, Méchin, de Schonen, Casimir Perier, Villemain, Laffitte, Dupont, Barrot, Lefèvre, Guizot et de la Borde.

» Nous n'avons pas à tracer ses devoirs à la chambre illégalement dissoute ; mais nous pouvons la supplier, au nom de la France, de s'appuyer sur son droit évident, et de résister autant qu'il sera en elle à la violation des lois. Ce droit est aussi certain que celui sur lequel nous nous appuyons. La Charte dit, article 5o, que le roi peut dissoudre la chambre des députés, mais il faut pour cela qu'elle ait été réunie, constituée en chambre, qu'elle ait soutenu enfin un système capable de provoquer sa dissolution. Mais avant la réunion, la constitution de la chambre, il n'y a que des élections faites. Or, nulle part la Charte ne dit que le roi peut casser les élections. Les ordonnances publiées aujourd'hui ne font que casser des élections ; elles sont donc illégales, car elles font une chose que la Charte n'autorise pas.

» Les députés élus, convoqués pour le 3 août, sont donc bien et dûment élus et convoqués. Leur droit est le même aujourd'hui qu'hier. La France les supplie de ne pas l'oublier. Tout ce qu'ils pourront pour faire prévaloir ce droit, ils le doivent.

» Le gouvernement a perdu aujourd'hui le caractère de légalité qui commande l'obéissance. Nous lui résistons pour ce qui nous concerne ; c'est à la France à juger jusqu'où doit s'étendre sa propre résistance. »

Ont signé : les Gérants et Rédacteurs des journaux actuellement présents à Paris.

MM. Châtelain et de Lapelouze, gérants du *Courrier Français.*

Isidore Guyet, Avenel, Alexis de Jussieu, Dupont, avocat, et Mousset, rédacteurs du *Courrier Français.*

Ganja, gérant du *National.*

Thiers, Miguet, Carrel, Chambolle, Peisse, Albert Stapfer, Dubochet, Rolle, rédacteurs du *National.*

Le Roux, gérant du *Globe.*

Guizard, B. Dejean et Charles Rémusat, rédacteurs du *Globe.*

Charles-Auguste Fabre, rédacteur en chef de la *Tribune des Départements,* Ader, rédacteur.

Évariste Dumoulin, Cauchois-Lemaire et Année, rédacteurs du *Constitutionnel.*

Bert, gérant du *Journal du Commerce;* Larreguy, rédacteur.

Coste, gérant du *Temps;* Senty, Haussman, Buzoni, Barbaroux, Dussard, Chalas, Baude et Billard, rédacteurs.

Levasseur, Plagniol et Fazy, rédacteurs de la *Révolution.*

Bohain et Roqueplan, rédacteurs du *Figaro.*

Vaillant, gérant du *Sylphe.*

Pendant que les journalistes s'unissaient ainsi, non-seulement de sentiments et de vœux, mais d'action, pour appeler à la résistance, le journal *Le National,* éclaireur intrépide, s'élançait avant tous dans le champ de la révolte, et faisait retentir les premiers sons du tocsin. Aussitôt après la publication du Moniteur, dans la matinée même du lundi, il s'est empressé de faire parvenir à ses abonnés une seconde édition des ordonnances. Toutefois le rapport apologétique de M. de *Chantelauze* a disparu; il a fait place à une allocution que termine cette phrase prophétique : « *L'avenir est remis à l'énergie individuelle des citoyens.* »

Ainsi, les voix courageuses et dévouées ne manquent point à la grandeur du péril; les volontés sont fortes, unanimes, pleines de résolution et d'audace : cependant la raison s'arrête, étonnée et presque anéantie devant l'immensité des obstacles. D'un côté, en effet, la police s'est abattue comme un oiseau de proie sur toutes les imprimeries; elle veille, et son œil étincelant pénètre même à travers les ténèbres, dans l'asile des citoyens. Aveugler cette furie, c'est un travail d'Hercule. D'un autre côté, tel journal a ses presses, il peut donc les mettre en péril, les sacrifier même s'il le faut; mais tel autre se trouve à la merci d'un imprimeur; or celui-ci consentira-t-il à courir les chances d'une saisie ? Ne craindra-t-il pas, sur-tout, de compromettre son brevet ?... Les menaces de la police sont bien nouvelles encore, et déjà cependant le *Journal du Commerce* est forcé d'appeler son imprimeur devant le juge, pour le contraindre à l'exécution des traités.

Quelques journaux enfin, le *Constitutionnel*, le *Journal des Débats*, sont peu disposés à risquer une propriété importante; et déjà l'intérêt privé, se couvrant d'un capuchon de jésuite, conseille la soumission à la force. Ce ne sont pas les écrivains, ce n'est pas la partie morale du journal qui admet ces honteuses trans-actions; ce sont les actionnaires, c'est la partie financière, toujours disposée à mesurer sa foi politique, comme sa foi religieuse, sur les abonnements et les dividendes. En fait, au reste, et de quelque côté que vienne l'obstacle, il existe : or, cet obstacle est immense, car le sort d'une révolution dépend souvent d'une tête qui s'incline ou qui se relève.

Ainsi s'écoula la journée ; journée de surprise et d'indignation, d'agitation et de calme, de découragement et d'espoir. Éveillés en sursaut, les Parisiens avaient bondi sous la lourde chaîne que Charles X prétendait leur imposer. Le bruit qu'ils avaient fait en la secouant, aurait retenti jusqu'à Saint-Cloud, si la voix des plaisirs frivoles et des flatteurs ne résonnait pas plus haut à l'oreille des rois, que les cris de détresse des peuples.

Le soir vint.

A six heures, la police, jusque là restée inactive, commence ses expéditions. M. le marquis de Chabannes, noble dégénéré, patricien persécuté et mécontent, avait, dans les derniers temps de la restauration, loué une petite boutique dans la brillante galerie du Palais-Royal. Là il tenait un cabinet de lecture fort modeste.

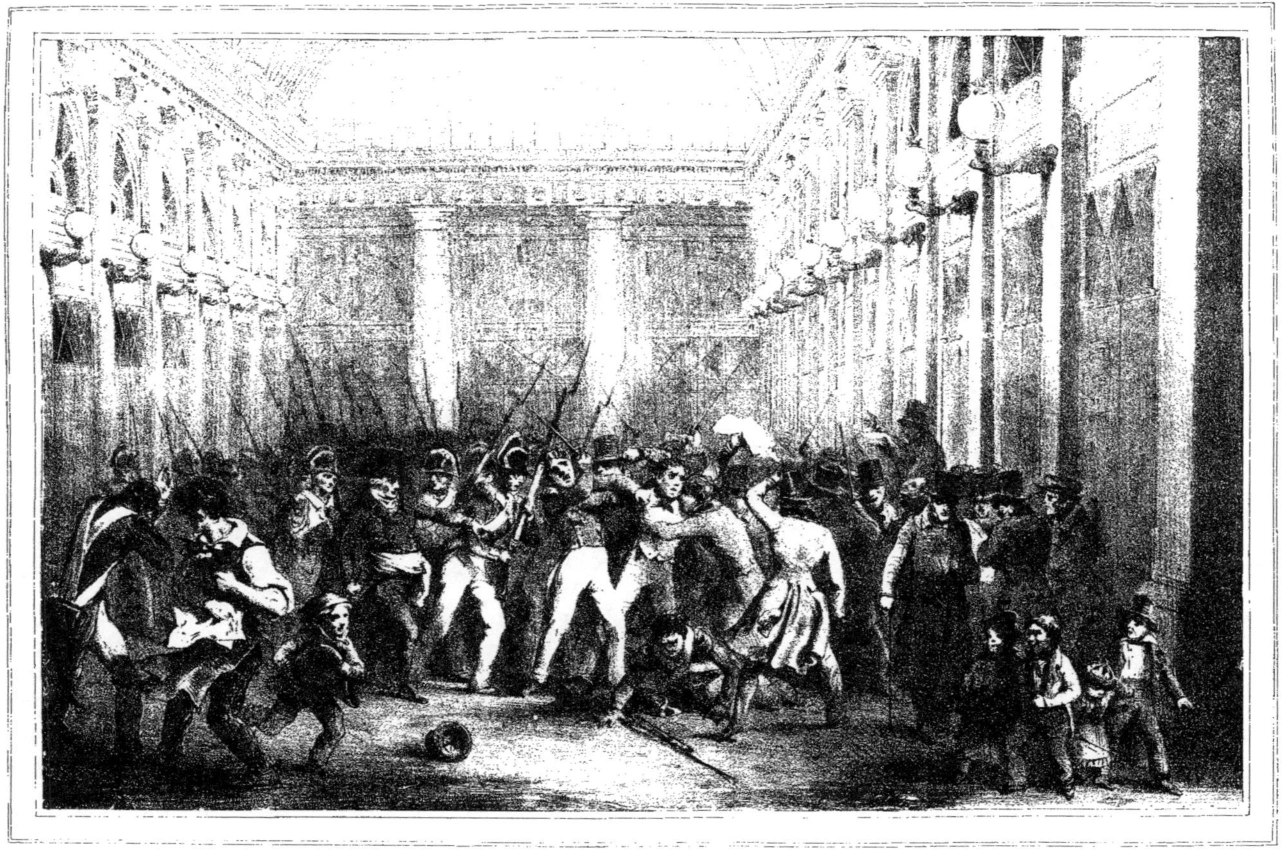

Raffet lith. Petit dessinât Lith. de Bineteau rue de la bibliothèque N° 4

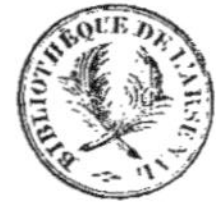

26 Juillet 1830.

SCÈNE DU CABINET DE LECTURE,

Galerie d'Orléans.

Or, M. le marquis de Chabannes est un frondeur systématique; il a juré au gouvernement de Charles X et aux prêtres une haine implacable ; chaque jour, il exhale cette haine, tantôt en mauvaise prose, tantôt en mauvais vers : ses bonnes intentions lui tiennent lieu de génie; il parle mal, mais, soit par caractère, soit, comme on l'a dit, par folie, il agit bien.

La défense de M. Mangin ne l'a point effrayé ; il la brave. Il a reçu, aussitôt qu'elle a été publiée, la feuille supplémentaire du *National*, et quiconque s'est présenté a pu en prendre lecture ; bien plus, dans sa verve poétique, on l'a vu fulminer une satyre contre le ministre Peyronnet, et cette satyre a été par lui publiquement affichée.

De telles hostilités étaient dangereuses pour un despotisme qui débute. La petite boutique de M. de Chabannes est bientôt entourée ; les agents de police violent son domicile, saisissent les journaux proscrits; ils déchirent en lambeaux la satyre que la foule applaudit. M. de Chabannes résiste; on lui fait violence ; alors le citoyen, attaqué dans sa demeure, trouve des défenseurs énergiques. Ce léger essai de tyrannie a révélé à chacun sa force; obligés de fuir, les assaillants ont pu aller rendre compte à leur maître du succès de leur mission.

Dans le jardin du Palais-Royal se passent des scènes non moins animées. Là, les discussions sont ardentes, emportées. Des jeunes gens, orateurs improvisés, haranguent la foule. Il n'y a point d'art dans leurs discours, mais ils sont éloquents, parce qu'ils sympatisent de sentiments et d'idées avec l'auditoire passionné qui les entoure. De temps en temps, du sein des groupes, s'échappent ces cris : « *A bas les Ministres! vive la Charte! vive le Roi!* »

Tout-à-coup, et sans motifs apparents, les groupes se dispersent et se précipitent dans les galeries. Pour des esprits troublés, le plus léger accident devient un sujet de terreur. Tous ces hommes qui fuient, communiquent leur frayeur à ceux qui les voient fuir. En quelques minutes, toutes les boutiques sont fermées; chacun se met en défense, et personne n'est attaqué !

A dix heures, plusieurs pelotons de gendarmes pénètrent dans le jardin; ils croisent la baïonnette contre des citoyens sans armes. Vains efforts! Là où la puissance morale a disparu, que devient la force matérielle? Entourés, bafoués, les gendarmes sont forcés de quitter le champ de bataille. Une seconde fois, dans cette soirée, l'autorité publique a été vaincue.

Cependant, au milieu de tant d'agitation et de fatigue, les heures se sont rapidement écoulées. Chacun va retrouver sa famille; on demande le repos, mais il a fui. Une vague inquiétude a saisi tous les esprits. La nuit est favorable aux proscriptions; on craint d'entendre dans les ténèbres ces bruits de marteaux qui, dans

5

les jours de g3, retentissaient comme un glas mortuaire au cœur des *Suspects*. Ce funeste pressentiment n'était pas tout-à-fait sans fondement. Depuis long-temps on parlait dans le monde du rétablissement des cours prévôtales qui acquirent, en 1815, une si sanglante célébrité; d'un autre côté, les mesures militaires, révélées par l'instruction dirigée contre les ministres, annoncent assez quels cruels projets avaient été arrêtés, pour arriver à la pleine exécution des ordonnances.

Quoi qu'il en soit, la nuit fut assez calme. Ce calme inespéré trompa le pouvoir; il se crut vainqueur; et ces illusions d'une victoire rêvée, ne se dissipèrent que lorsque Charles X vit fuir derrière lui la terre de France.

Les heures de la nuit se sont écoulées dans le silence; mais ce silence n'a point été favorable à la tyrannie. La veille, les esprits, frappés de stupeur, n'avaient pu se manifester au dehors que par une sorte d'agitation convulsive : des exclamations sans but, des discours incohérents et sans suite, nés, il est vrai, d'un instinct admirable de liberté, brillants d'enthousiasme, mais sans puissance, parce que l'intelligence ne les a pas secondés, voilà, en général, les faits du lundi. Le mardi, à l'enthousiasme succède le raisonnement, l'action aux discours. Le combat s'engage; semblable aux combats de Virgile et d'Homère, il a commencé par le sarcasme et l'injure, il finira par la mort.

Les journaux paraîtront-ils? voilà la première, la grande question. C'est sur les journaux, en effet, que le pouvoir doit s'apesantir; ils sont, quant à présent du moins, ses ennemis les plus terribles. Un journal est un tocsin mobile qui, à quelques heures d'intervalle, retentit sur une surface immense. Qu'il crie aux armes, et à l'instant il improvisera des bataillons nombreux, invincibles sur-tout, s'il déroule devant eux le vieux drapeau de la liberté.

Le *National*, le *Temps*, le *Figaro* sont publiés; en tête de leurs colonnes ils ont placé la protestation dont nous avons donné le texte. Le *Globe* aussi fait paraître quelques fragments. Tous naguères appelaient à la résistance légale, maintenant c'est la résistance active, violente qu'ils conseillent; l'heure des avertissements est passé. Au lieu d'accepter les conseils de ses véritables amis, la royauté leur a donné des fers; maintenant l'heure de la justice a sonné.

Le *Journal du Commerce* a éprouvé quelques difficultés de la part de M. Selligue, son imprimeur; il a demandé en *référé* l'exécution des conventions. M. de Belleyme, président du tribunal civil, a rendu l'ordonnance suivante :

« Attendu que l'ordonnance du roi du 25 juillet, relative à la presse périodique, n'a pas été promulguée selon les formalités prescrites par l'art. 4 de l'ordonnance du 27 novembre 1826, et par l'art. 1er de l'ordonnance du 18 janvier 1817;

» Que, d'ailleurs, il est juste d'accorder aux journaux existants les délais nécessaires pour user du bénéfice de l'art. 2 de ladite ordonnance, et qu'une interruption dans la publication porterait préjudice,

» Ordonnons que le sieur Selligue procédera à la composition et à l'impression du *Journal du Commerce*, qui doit paraître demain, ce qui sera exécuté par provision, comme ordonnance de référé sur minute, et avant l'enregistrement et dépôt au greffe.

» *Signé* DEBELLEYME. »

Les motifs de cette décision manquent de vigueur; il y a plus, ils semblent préjuger la légalité des ordonnances de juillet; mais, du moins, le résultat est bon, puisqu'il lève le scrupule de l'imprimeur, et permet à un nouveau combattant d'entrer en lice contre la force.

Moins heureux ou moins diligent, le *Courrier Français* n'a pu paraître. L'imprimeur a reculé devant les rigueurs de M. Mangin. Le *Courrier* aurait eu le droit aussi de provoquer un référé; mais ses prétentions sont plus hautes : il veut que la justice elle-même note d'infamie les auteurs des ordonnances, et qu'en déclarant celles-ci illégales, elle les frappe d'impuissance. L'action est grande, mais les hommes ne lui manqueront pas.

L'argent tue les idées généreuses. Le *Constitutionnel*, le *Journal des Débats* ne trouvent de force, au moment du danger, que pour capituler avec l'ennemi; au lieu de pousser au mouvement, ils observent, ils gagnent du temps; en marins habiles, ils étudient les vents : ils seront braves ou soumis selon les circonstances.

Dès le matin, il y a foule dans les cabinets de lecture. L'arrêté de M. Mangin, en semant la terreur, a produit ses fruits. Les feuilles libérales, qui ont bravé l'autorité, ne sont livrées qu'aux seuls affidés; on les fait passer en fraude entre la *Quotidienne* et la *Gazette de France*. Toutefois, les distributions gratuites suppléent aux cabinets de lecture. Partout le *National*, le *Figaro*, le *Globe* sont colportés, jetés au public. Il y a sacrifice d'argent, mais qu'importe? Il faut s'entendre, se réunir, arriver à une unité vigoureuse et puissante. Or, devant ce grand intérêt, les considérations secondaires s'affaiblissent et disparaissent.

Les journaux ministériels jouissent seuls des bienfaits de la publicité. Cependant leur joie est terne, leurs félicitations équivoques et embarrassées. Il y a de la terreur aussi dans leur triomphe. L'*Universel* seulement regarde la partie comme gagnée. « Les Parisiens, dit-il, ont dormi, mangé comme à l'ordinaire. » Mensonge impudent, auquel les événements ont donné malheureusement un trop sanglant démenti !

L'inquiétude des journaux ministériels s'explique : chaque parti a ses fanatiques et ses hommes graves. Or ces derniers comprenaient ce qu'il y avait de profond et de sévère dans l'adresse des députés, et principalement dans la réponse ferme que la France avait faite à la proclamation électorale de Charles X. Pour connaître un peuple, il faut, non pas le regarder avec une longue vue, comme font les courtisans, mais le voir de près, à l'œil nu, causer avec lui; c'était la méthode de Henri IV; c'est assez aussi la méthode des journalistes. Continuellement en contact avec la masse des citoyens, ils ne pouvaient se tromper sur leurs espérances, leurs vœux et leurs projets. L'attitude de M. Sauvo, rédacteur en chef du *Moniteur*, en présence du garde des sceaux, fut éloquente; elle fit pâlir le ministre, mais elle ne l'éclaira point. Cette scène, dont le rapporteur de la commission d'accusation, a tracé le tableau dans son discours, mérite de figurer ici.

« M. Sauvo, rédacteur en chef du *Moniteur*, reçut le 25, l'ordre, inusité pour lui, de se » rendre chez le garde des sceaux, à onze heures du soir. Introduit dans son cabinet, il trouva » ce chef de la magistrature en compagnie de M. de Montbel, l'un et l'autre la tête tristement » appuyée sur leur main.

» Le garde des sceaux remit les ordonnances à M. Sauvo, lui dit de les reconnaître et d'en » donner un reçu. En les feuilletant, et en parcourant, quoique très rapidement, ce qu'elles » renfermaient, il fut difficile à M. Sauvo de cacher son émotion. M. de Montbel le remarqua, » et lui dit avec inquiétude : « Eh bien! » Le digne rédacteur répondit peu de mots, mais ils » étaient expressifs : « Monseigneur, Dieu sauve le roi! Dieu sauve la France! » Un long silence » succéda, après lequel M. de Montbel voulant le forcer à s'expliquer, dit encore : « Eh bien! » » M. Sauvo répéta les mêmes paroles. Il se retirait, lorsque M. de Montbel se levant précipi-» tamment, le retint, et le provoquant avec anxiété : « Parlez! » Messieurs, dit M. Sauvo, en » se retournant, j'ai 57 ans; j'ai vu toutes les journées de la révolution, et je me retire avec » une profonde terreur.

» La porte se referma sur lui. Il emporta, pour les publier au *Moniteur* du lendemain, ces » manifestes qui devaient abattre la monarchie, engloutir le ministre et le roi, et cependant, » par la plus prompte et la plus miraculeuse des révolutions, régénérer notre ordre social. »

Les journaux avaient méprisé les arrêtés de M. Mangin; la peine ne se fit point attendre. Au premier rapport des agents de police, la saisie des presses rebelles est ordonnée. Les exécuteurs des hautes-œuvres de M. le préfet se présentent au bureau du *National*. Les portes sont fermées. Ils frappent : refus d'ouvrir. Pour arriver jusqu'au matériel de l'imprimerie, ils se trouvent réduits à la nécessité de briser les portes ou de forcer les serrures. Le domicile d'un citoyen est placé sous la sauve-garde de la justice et des lois; et cependant les lois n'ont pas prononcé, la justice n'a pas été consultée. M. Mangin est tout à la fois législateur, juge et bourreau. A sa voix accourt une bande de misérables que protége la gendarmerie.

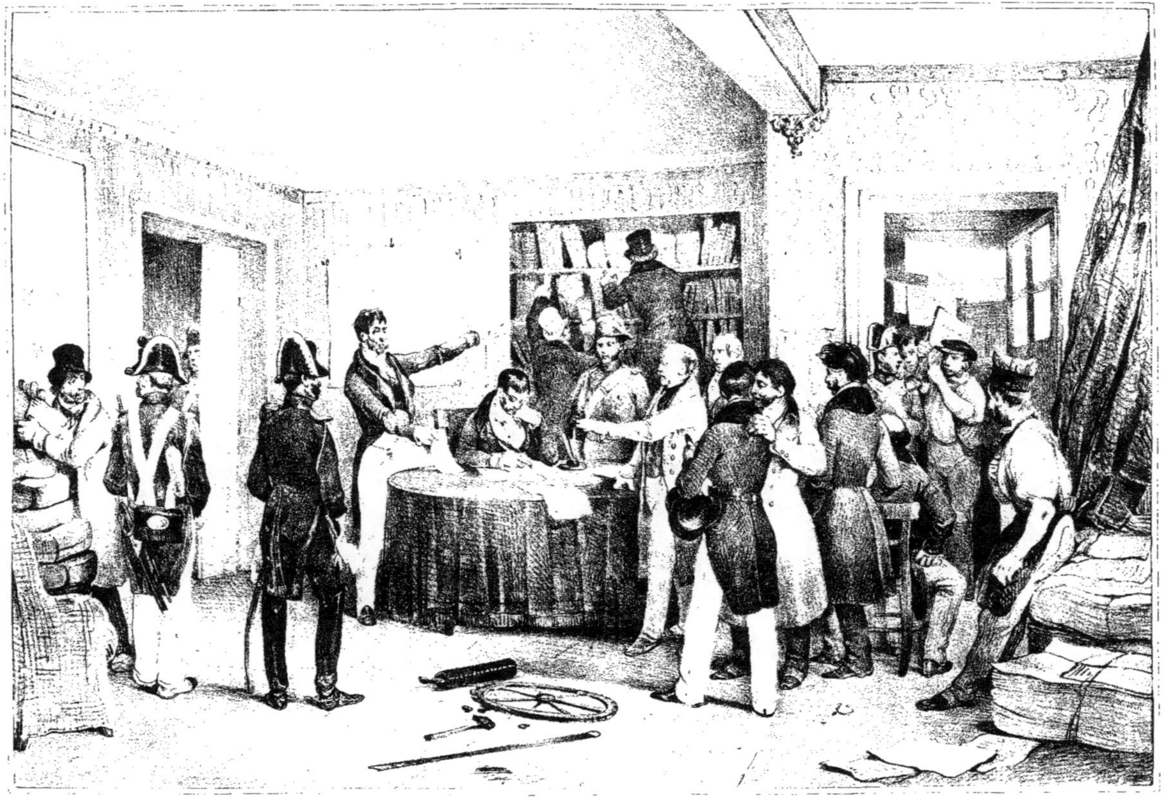

27 Juillet 1830.

C'est à cette force qu'est confié le succès d'une campagne impie. Jetés par leurs devoirs au milieu de pareils hommes, les commissaires de police reculent épouvantés, et sous des formes polies, ils cherchent du moins à dissimuler la brutalité des actes.

Cette première expédition, moitié militaire, moitié civile, faite au milieu du tumulte et de la foule qui se dispose à opposer la force à la force, fut célébrée comme une victoire. Un courrier portant le bulletin officiel de cette grande action reçoit l'ordre de partir pour Saint-Cloud. Voici ce bulletin : « *Presses li-* » *bérales*, on les saisit, et, quoi qu'on fasse, j'en serai maître ; la gendarmerie et » la ligne tiendront la main à l'exécution. » Peu d'heures après, M. Mangin annonce qu'il tient en son pouvoir les presses des journaux le *Figaro*, le *Commerce*, le *National*, le *Temps*.

Cependant, que fait M. Mangin ? En général prudent, il se garde bien d'affronter la colère publique. Renfermé dans son cabinet, il médite sur le moyen de consolider l'ouvrage de M. de Polignac. Il a deux adversaires redoutables, les penseurs et le peuple. Sur le peuple il lâchera les gendarmes. Les chefs de corps ont déjà reçu l'ordre écrit de tirer sans ménagement. Les députés, les pairs sont plus embarrassants. M. Mangin fait venir M. Foucaud, colonel de la gendarmerie, et sans détour, il lui propose d'arrêter sur-le-champ tous les pairs et les députés de l'opposition. M. Foucaud trouve cette mesure toute naturelle : toutefois, une pensée d'avenir surgit dans son esprit, il demande un ordre écrit. Un écrit devient, dans l'adversité, une arme dangereuse contre celui qui l'a donnée. Le crime, lui même, a ses momens d'hésitation. Le salut des pairs et des députés a dépendu d'une formalité matérielle.

Le bruit s'était répandu que, la veille, le Palais-Royal avait été le théâtre de scènes tumultueuses, qu'il y avait eu lutte sérieuse entre la force armée et le peuple. La Renommée, toujours menteuse, sur-tout lorsqu'elle marche avec la terreur, avait même exagéré les faits. Une foule de curieux accourt de tous les points de la ville, elle emplit le jardin, les cours du palais : les uns interrogent, les autres racontent ; les nouvelles se succèdent ; on les reçoit avec avidité, et bien entendu, sans aucune espèce de critique. A chaque minute la multitude grossit. Ceux qui viennent d'assister à la saisie des presses racontent les faits, vantent la résistance des propriétaires. C'est un exemple à imiter. Ainsi les têtes s'enflamment par degrés, à mesure que l'action de l'autorité remplace les paroles et les menaces. Le peuple raisonne peu sur ses droits ; on peut les attaquer longtemps avant qu'il ne s'en inquiète beaucoup. Mais arrive un jour où ses intérêts matériels sont compromis, où le pouvoir, enhardi par l'impunité, ose mettre la main sur lui; alors ses maux physiques lui révèlent instinctivement le malheur de sa destinée morale; il mugit, s'élance contre ses oppresseurs, et ne s'arrête qu'après avoir reconquis ce qu'il avait perdu.

Au milieu de la foule assemblée, des gendarmes circulent en tous sens; ils croient qu'en resserrant le lieu des rassemblements, ils les disperseront plus à l'aise. En conséquence, ordre est donné de faire évacuer le jardin. Cet ordre s'exécute. La sédition est forcée de changer de théâtre; mais qu'importe? Chassée du jardin, la multitude reflue dans les galeries, dans les cours, dans les rues, sur la place; la violence ajoute à l'irritation des esprits. Voilà quel a été le seul résultat de la mesure.

L'agitation ne règne pas seulement au Palais-Royal. Partout où elles ont pénétré, les ordonnances ont jeté le désordre et un désir brûlant de vengeance. Le mouvement est général, dans le quartier du Panthéon comme à la Chaussée-d'Antin, dans le faubourg Saint-Honoré comme au faubourg Saint-Antoine, à Paris comme dans les provinces qui, voisines de la capitale, ont les premières connu la conspiration du trône.

Comme la veille, les travaux sont suspendus, un grand nombre d'ateliers sont fermés par les maîtres eux-mêmes, ou désertés par les ouvriers; les imprimeries sur-tout sont abandonnées. La royauté a déclaré la guerre à cette branche d'industrie; c'est aussi parmi ceux qui l'exploitent qu'elle trouve ses ennemis les plus actifs et les plus ardents.

Tous ces hommes si paisibles il y a quelques jours, maintenant parcourent les rues, les boulevards, les quais, se groupent sur les places publiques : le souvenir de la Charte violée les électrise encore, et c'est en son nom qu'ils s'assemblent et s'organisent pour la résistance.

Le Palais-Royal est le point principal où viennent se concentrer tous ces rassemblements partiels. Bientôt sur la place du Palais et dans toutes les rues qui l'avoisinent, la circulation a cessé d'être possible, les boutiques sont fermées et les habitants, aux fenêtres, contemplent avec terreur ce spectacle triste et nouveau. La foule tumultueuse et inoffensive s'écoule en flots pressés; elle parle, elle n'agit pas : toutefois il est facile de voir qu'une seule étincelle suffira pour allumer un violent incendie.

A la vue de cette masse populaire, la police déploie de nouvelles forces, l'anarchie règne plus que jamais dans l'administration. Les gendarmes reçoivent des ordres, se dirigent sur des points divers, et leur colonel, M. Foucaud, n'en est pas même averti. La troupe de ligne va prendre position sur le Carrousel, la place de la Bourse, les boulevards et les quais; cependant elle paraît peu em-

9 Août 1830.

Mgr LE DUC D'ORLÉANS,
Prince Royal.

pressée à sévir contre les citoyens. Les baïonnettes, on l'a dit, sont *intelligentes* aujourd'hui, et d'ailleurs les soldats reconnaissent au milieu de ce peuple qui les entoure, des camarades de plaisir avec lesquels ils sympathisaient les jours de fête, et qu'ils sont prêts à protéger encore aux jours de l'oppression. Le gouvernement le sait; aussi son avant-garde se compose-t-elle principalement de cette gendarmerie, toujours fidèle au pouvoir, quand il s'agit de sabrer les citoyens.

De temps en temps les gendarmes, rangés en bataille sur la place du Palais-Royal, exécutent des charges, sabre nu, dans la rue Saint-Honoré, dans la rue du Lycée et jusqu'au marché des Innocents, ils parviennent ainsi à dégager les avenues, mais momentanément; le peuple n'a pas encore respiré l'odeur de la poudre, il n'a pas vu couler son sang, il n'a pas éprouvé quelques-unes de ces grandes émotions qui révèlent à l'homme sa dignité méconnue, enflamment son courage et font naître l'audace : il fuit, puis il revient et regarde d'un air moqueur l'ennemi que plus tard il foulera à ses pieds. Toutefois, tous ne fuient pas. Sur la place même du Palais; en face du café de la Régence était une maison presque démolie, quelques individus dans le seul but d'abord de se dégager de la foule qui les presse, se réfugient sur les décombres. Retranchés là comme dans une forteresse, ils deviennent assaillants, les pierres volent, des soldats sont atteints. Ils voudraient se venger, mais leur rage est impuissante. Le temps s'écoule ainsi en charges inutiles contre des hommes sans armes, qui disparaissent au moment où ils voient s'ébranler les héros de la rue Saint-Denis.

Pendant que cette petite guerre, prélude d'une guerre plus sérieuse, se développe sans résultat, des scènes d'un autre genre se passent dans d'autres lieux. La justice a ouvert son temple comme à l'ordinaire, les juges siégent, mais les grands intérêts généraux qui sont engagés ne permettent guère aux avocats ni même aux parties de se livrer aux débats, devenus mesquins et étroits, des intérêts privés. Une seule question préoccupe fortement les esprits. Les ordonnances ont détruit les lois; dans ce conflit immense, fondamental dans la vie des sociétés constitutionnelles, quel parti prendra la magistrature? Auxiliaire dégradée du pouvoir, compromettra-t-elle sa majesté et sa puissance, en violant elle-même les lois? ou bien, défenseur du pays, luttera-t-elle avec lui de volonté et d'énergie contre une audacieuse usurpation? En elle est une autorité forte, en elle par conséquent est une immense responsabilité. Le combat légal et judiciaire est commencé. M. de Belleyme a prononcé, mais il a réduit à une question de forme, une question de vie et de mort; cette légère escarmouche ne prouve rien encore, ce n'est point une garantie pour la presse. Il y a d'ailleurs appel de l'ordonnance rendue, et le résultat de cet appel pourra décider si le peuple trouvera dans ses magistrats ou des alliés ou des ennemis. On doute ; mais il faut le dire, on ne désespère pas.

La Bourse est bouleversée comme la veille. Le gouvernement a ses agioteurs qui soutiennent le crédit pour obtenir une hausse factice. Il espère tromper ainsi l'opinion publique, et rassurer sinon Paris, du moins les provinces. Mais ces ruses indignes du pouvoir, ces honteuses déceptions, si fort à la mode depuis long-temps, sont sans force dans les crises violentes. Le commerce a senti le coup terrible que la contre-révolution lui a porté ; il pressent son avenir, avenir funeste qui contient dans son sein la ruine et le désespoir. C'est donc en vain que l'on fait des tentatives pour reconquérir la confiance, elle est perdue sans retour. La Bourse se ferme au milieu du trouble, et les négociants consternés se mêlent aux citoyens qui circulent en tous sens : elle ne se rouvrira plus qu'après le triomphe de la liberté.

Cependant les députés présents à Paris continuent la sainte mission qu'ils se sont donnée. Elus de la Nation, brutalement congédiés par le trône au moment même où la séance royale allait s'ouvrir, c'est à eux qu'il appartient de soutenir les droits et la dignité d'une nation outragée, traitée en esclave. Malheureusement ils sont en petit nombre, et dans ce petit nombre, tous ne sont pas doués de la même énergie ; mais qu'importe le nombre ? que quelques voix s'élèvent, cela suffit, car elles éveilleront une sympathie profonde. L'assemblée qui la veille s'était tenue chez **M.** Delaborde , se tient dans la journée du mardi chez M. Casimir Perrier. On décide qu'une protestation sera rédigée ; les bases de cette protestation sont discutées et posées ; trois des membres présents se chargent de rédiger un projet : il est important que cet acte paraisse avant que Paris n'ait vu couler le sang. Mais la force brutale devait rendre sans effet cette louable intention. Quelques heures encore, et le sang coulait dans les rues, au moment même où la protestation était délibérée et adoptée.

La publication, au reste, de cette protestation, n'aurait pas arrêté le combat, et d'ailleurs les députés n'avaient peut-être pas assez développé d'énergie pour intimider le pouvoir, le faire reculer, et arracher à la peur la révocation des ordonnances.

Voici cet acte :

PROTESTATION DES DÉPUTÉS.

« Les soussignés, régulièrement élus à la députation par les colléges d'arrondissement ci-dessus nommés, en vertu de l'ordonnance royale du...., et conformément à la Charte constitutionnelle et aux lois sur les élections des...., et se trouvant actuellement à Paris,

» Se regardent comme absolument obligés, par leurs devoirs et leur honneur, de protester

Mgr LE DUC DE NEMOURS.

Élu Roi des Belges, le 3 Février 1831.

D'après le Portrait en miniature peint d'après nature
par Mr Petit, Lieutenant de la Garde Municipale.

contre les mesures que les conseillers de la couronne ont fait naguère prévaloir pour le renversement du système légal des élections et la ruine de la liberté de la presse.

» Lesdites mesures contenues dans les ordonnances du.... sont, aux yeux des soussignés, directement contraires aux droits constitutionnels de la chambre des pairs, aux droits publics des Français, aux attributions et aux arrêts des tribunaux, et propres à jeter l'état dans une confusion qui compromet également la paix du présent et la sécurité de l'avenir.

» En conséquence, les soussignés, inviolablement fidèles à leur serment, protestent d'un commun accord non-seulement contre lesdites mesures, mais contre tous les actes qui en pourraient être la conséquence.

» Et attendu, d'une part, que la chambre des députés n'ayant pas été constituée, n'a pu être légalement dissoute; d'autre part, que la tentative de former une autre chambre des députés d'après un mode nouveau et arbitraire, est en contradiction formelle avec la Charte constitutionnelle et les droits acquis des électeurs : les soussignés déclarent qu'ils se considèrent toujours comme légalement élus à la députation par les colléges d'arrondissement et de département dont ils ont obtenu les suffrages et comme ne pouvant être remplacés qu'en vertu d'élections faites selon les principes et les formes voulues par les lois.

» Et si les soussignés n'exercent pas effectivement les droits et ne s'acquittent pas de tous les devoirs qu'ils tiennent de leur élection légale, c'est qu'ils en sont empêchés par une violence matérielle. »

Suivent les signatures de MM.

> Labbey de Pompierre, Sébastiani, Méchin, Périer (Casimir), Guizot, Audry de Puyraveau, André Gollot. Gaëtan de la Rochefoucault, Mauguin, Bernard, Voisin de Gartempe, Froidefond de Bellisle, Villemain, Didot (Firmin), Daunou, Persil, Villemot, de la Riboissière, Bondy (comte de), Duris-Dufresne, Girod de l'Ain, Laisné de Villevêque, Delessert (Benjamin), Marchal, Nau de Champlouis, comte de Lobau, baron Louis, Millaux, Estourmel (comte d'), Monguyon (comte de), Levaillant, Tronchon, Gérard (le général), Laffite (Jacques), Garcias, Dugas-Montbel, Camille Périer, Vassal, Alexandre de Laborde, Jacques Lefebvre, Mathieu Dumas, Eusèbe Salverte, de Poulmer, Hernoux, Chardel, Bavoux, Charles Dupin, Hély d'Hoissel, Eugène d'Harcourt, Baillot, général Lafayette, Georges Lafayette, Jouvencel, Bertin de Vaux, comte de Lameth, Bérard, Duchaffaut, Auguste de Saint-Aignan, Kératry, Ternaux, Jacques Odier, Benjamin Constant, etc., etc., etc.

Ainsi, la résistance légale marchait de front avec la résistance active : la force morale, force si pleine de vie et de puissance, donnait son appui à la force matérielle. La Nation tout entière, par l'organe de ses députés, se levait comme un seul homme, et venait se placer en face du pouvoir qui avait insolemment foulé aux pieds ses droits, attenté à sa dignité.

Cependant la journée s'avançait, et à chaque instant la foule se pressait aux avenues du Palais-Royal, plus tumultueuse et plus résolue. Le peuple des faubourgs s'était rallié au peuple de l'intérieur et lui avait communiqué quelque chose de son audace. Tous ces hommes se sont peu à peu fatigués des manœuvres hostiles de la gendarmerie : ils ne reculent plus; les soldats ne sont plus l'objet de leurs railleries. Un sentiment plus âpre a pénétré les cœurs, l'explosion ne peut se faire long-temps attendre.

L'autorité ne s'y méprit pas. Elle jugea que le crépuscule serait le moment choisi pour l'attaque; en conséquence elle augmenta ses forces : la garde royale vint pour la première fois prêter son secours aux escadrons de gendarmerie qui, depuis le matin, stationnaient sur la place du Palais-Royal. La police donna des ordres plus sévères; on a vu l'un des commissaires parcourir en général d'armée le front des soldats et les exhorter à la violence. C'était ainsi que l'on interprétait la loi, qui ordonne, avant de frapper, des sommations solennelles. Mais devant l'autorité militaire, l'autorité civile qui est la loi vivante, avait disparu. Partout on trouvait la police, ses espions, ses ruses, ses vexations. Nulle part on n'apercevait les magistrats.

Bientôt les mouvemens de la troupe deviennent plus sérieux. Les citoyens pressés, culbutés, foulés aux pieds, sentent le besoin de se retrancher. Les barricades ont été de tout temps le grand moyen de salut des Parisiens. Vers sept heures du soir, deux *omnibus* sont arrêtés, renversés, on enlève les roues, et derrière ce retranchement improvisé, les citoyens peuvent braver la fureur des soldats. Tout devient arme dans les circonstances imprévues et difficiles ; deux charrettes chargées de plâtras et de tuiles, traversaient la rue Saint-Honoré, on les arrête. Plus tard ces munitions de nouvelle espèce sont utilement employées.

Jusqu'à ce moment, le tumulte n'a encore été suivi d'aucune voie de fait sérieuse; mais la nuit s'avance : une voix impie donne l'ordre funeste de dissiper à tout prix le rassemblement; force doit rester au Roi : on va mettre entre lui et son peuple la mitraille et la mort. A un signal donné, la garde royale s'avance escortée d'un régiment de lanciers, les trompettes sonnent, les tambours battent la charge, la troupe marche droit aux barricades. Ces forteresses élevées par le désespoir sont sans défense; car que peut même l'énergie de la volonté devant la fusillade? Cependant les citoyens ne cèdent pas; la garde s'arrête, les armes s'inclinent, et un ordre cruel a fait couler le sang!.... La terreur a suivi ce premier acte d'une tyrannie qui veut établir sa base sur des ruines, les citoyens fuient épouvantés; la cavalerie les poursuit, les frappe dans leur retraite, comme elle

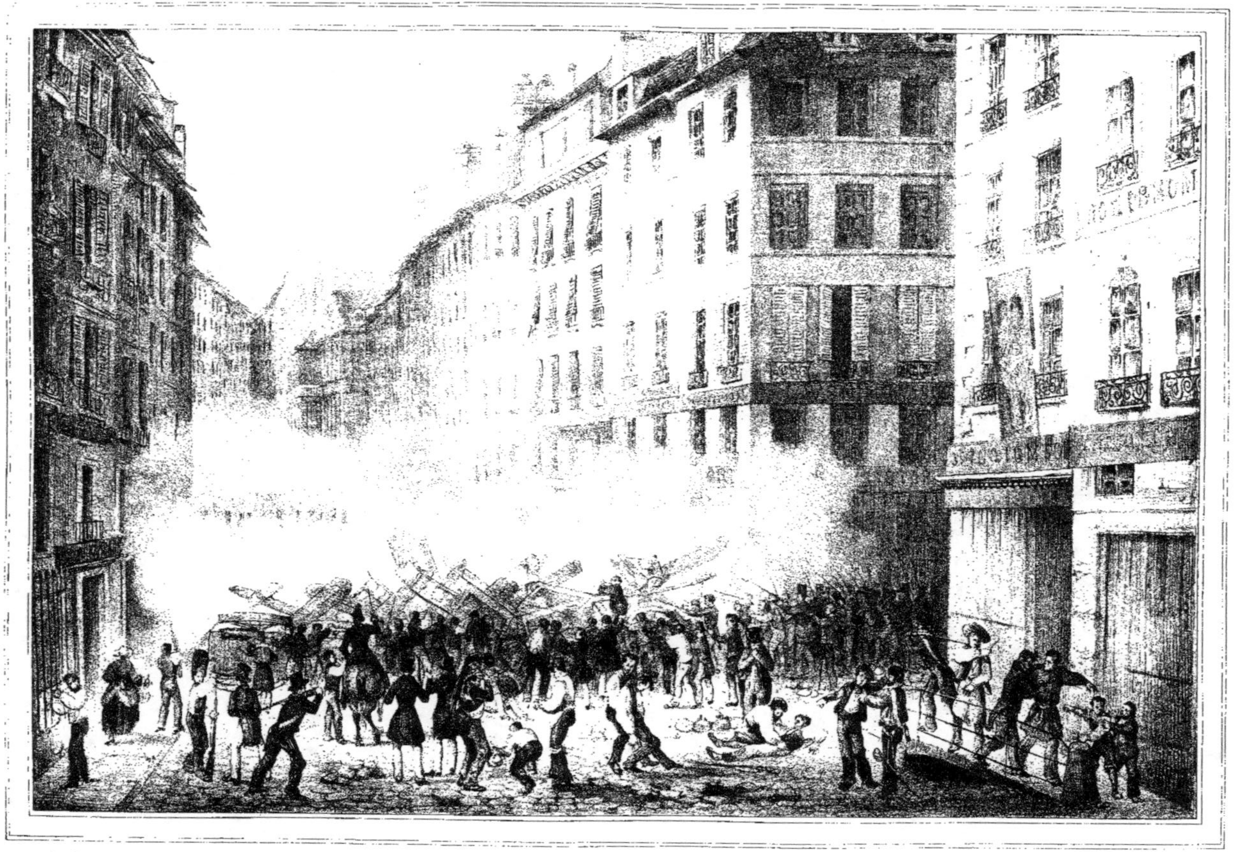

Richard Lith. — Petit Jerrard

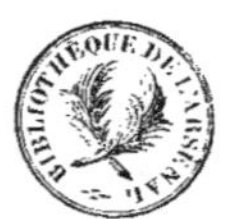

28 Juillet 1830.

PREMIÈRE BARRICADE

Rue Saint Honoré

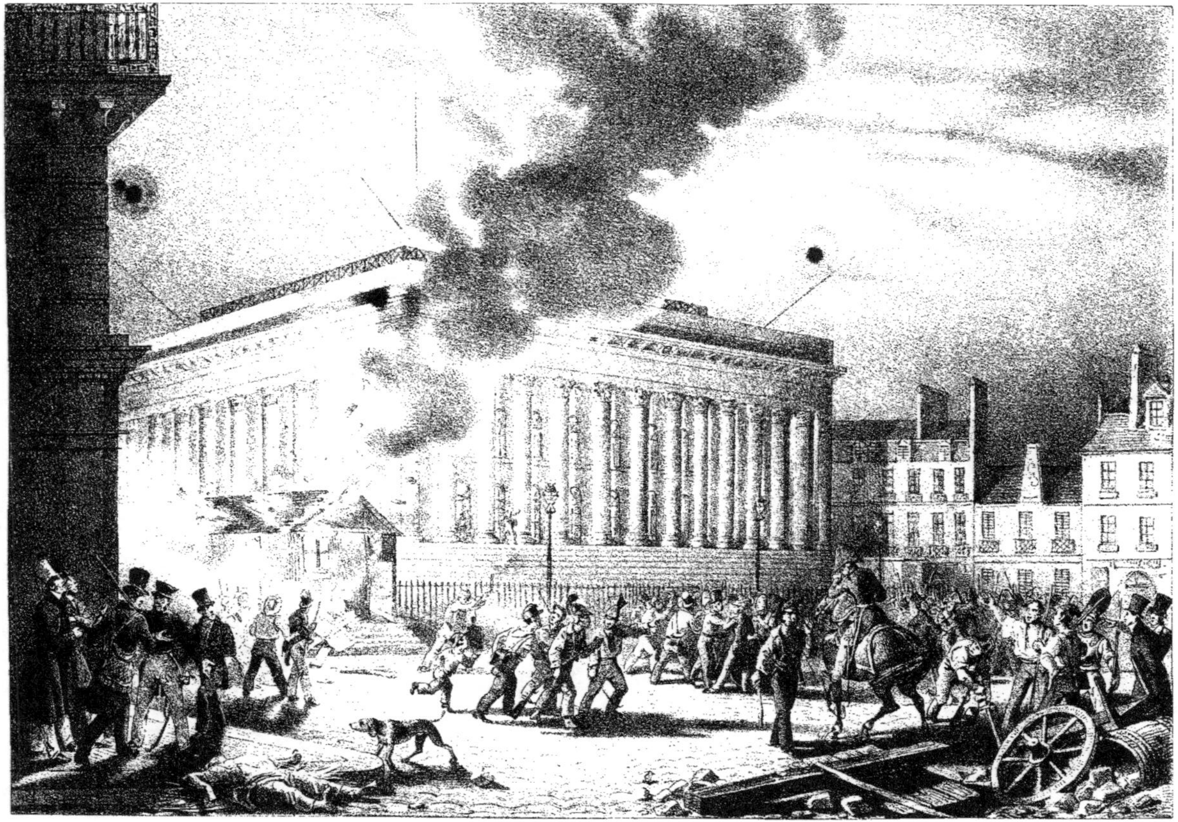

27 Juillet 1830.

Place de la Bourse. 10.ᵉ heures du soir

ferait sur un champ de bataille, et des Français n'ont pas honte de rougir leurs armes du sang d'un adversaire désarmé !

Le premier pas est fait dans une route sanglante ; la violence sur tous les points a succédé aux mesures patientes et réservées. Des jeunes gens qui auprès de l'hôtel de M. Casimir Périer, attendaient le résultat de la délibération des députés, sont sabrés sans pitié ; dans la rue Croix-des-Petits-Champs, deux hommes et une femme poursuivis, atteints par la gendarmerie, sont tombés morts sous ses coups. Sur la place du Carrousel, sur la place de Grève où se trouvent réunis des troupes de ligne, des gendarmes et de la garde royale, le peuple est chargé, et des accidents graves sont la suite de ces violences militaires.

Des armes ! des armes ! voilà le cri qui retentit partout. Les magasins de Lepage, ceux de Leduc et plusieurs autres encore, sont au même instant envahis. Vainement les propriétaires veulent défendre leur propriété : dans ces grandes agitations populaires, les armes deviennent la propriété de tous ; elles appartiennent sur-tout à ceux qui savent les porter et qui veulent s'en servir. Si quelquefois le pillage est légitime, c'est alors qu'il a pour principe, non le vol, mais la défense sacrée de la patrie !

Désormais, le peuple a brûlé ses vaisseaux : il ne peut plus se reposer, car le repos pour lui serait la mort. Il est entre un trépas glorieux et un honteux échafaud. Le pouvoir consterné, frappé de terreur, lui promettra bien une amnistie. Une amnistie ! Il sait quelle cruelle ironie se cache sous le mot d'héroïsme et de générosité ; il sait aussi que tuer un homme, c'est aux yeux de certaines gens fanatiques du moyen âge, faire presque une bonne action, puisque *c'est l'envoyer devant son juge naturel.* Si la cour triomphe, ce sont ces hommes qui tiendront les fourches sous lesquelles les citoyens seront, à coups de fouet, forcés de se courber. Un peuple tout entier ne se dévoue pas ainsi à la honte : devant un tel avenir, la pensée de la mort elle-même cesse d'être triste et décourageante.

Voyez aussi quelle ardeur les enflamme ! Ils ont momentanément cédé, mais tout-à-coup ils reprennent l'offensive. Dans le faubourg Poissonnière un capitaine nommé Flaudin se précipite, à la tête de deux cents hommes, sur la caserne de la Jeune-France, et s'en empare. Sur la place de la Bourse le corps-de-garde est assiégé et enlevé après une vive résistance. Dans l'ivresse de la victoire, des assaillants font un feu de joie de cette cabane, qui quelques instants avant servait de refuge à des gendarmes. Le bruit des armes, les cris des combattants et cette lueur rougeâtre d'un incendie qui se dessine sur le grand monument de la Bourse, jettent l'effroi dans tout le quartier. Le soleil a disparu de l'horizon, et la nuit a amené avec elle ses dangers et ses terreurs imaginaires, qui viennent ajouter encore aux dangers réels.

Dans la rue Saint-Honoré, une femme est tombée frappée d'une balle au front. Un homme s'empare du cadavre; d'autres hommes se joignent à lui. Le cadavre est promené dans Paris. C'est une femme! c'est une victime innocente!... On chercherait en vain à peindre l'effet de cette scène sanglante, les frémissements de rage qu'elle excite dans la multitude; le convoi s'avance, au milieu des cris de fureur et de désespoir, jusque sur la place des Victoires : Vengeance! vengeance! voilà la pensée terrible qui, à la vue de cet affreux spectacle, surgit dans toutes les âmes. Si une femme même a été atteinte, qui donc peut espérer le repos!

Paris et le Roi se souviendront long-temps sans doute de cette promenade de cadavres tout palpitants encore, faite à la lueur des torches, et qui fut le prélude horrible d'une guerre d'extermination. Ce fut un grand spectacle que celui des premières victimes de Charles X, ensanglantant le piédestal de la statue de Louis XIV, et continuant cette histoire de forfaits dont Charles IX a fourni les premières pages.

Que fesaient cependant les ministres? La Cour, à la nouvelle des désastres de Paris, silencieuse et triste, songeait-elle aux moyens d'arrêter les massacres? Non. Sa Majesté partageait comme à l'ordinaire son temps entre la prière, la chasse et le jeu : elle demandait au ciel l'accomplissement de vœux homicides que de saints archevêques s'étaient chargés de faire parvenir jusqu'au trône de Dieu. Toute cette famille de Bourbons, qu'un flot impur avait jetée sur la rive de France, s'endormait bercée par cette idée de livrer le lendemain Paris à toutes les horreurs d'un siége.

Les ministres n'étaient pas plus inquiets que le Roi lui-même du sort qui menaçait la capitale du monde : ils s'étaient mis en défense; c'était assez veiller au salut de la France.

On n'ordonne point sans remords le massacre d'un peuple; c'est le remords qui force le tyran à s'entourer de satellites; c'est le remords qui tenait Louis XI comme assiégé dans ses châteaux-forts. Aux jours de juillet, Saint-Cloud fut entouré d'une armée, l'hôtel des ministres se hérissa de canons; la résistance cependant n'était point organisée, le peuple n'avait ni artillerie ni armée; non, mais ses agresseurs avaient la conscience du mal qu'ils faisaient à la nation, et ils pensaient bien qu'elle ne resterait pas calme sous de lourdes chaînes. Les Rois pourraient apprécier la légitimité de leurs actes, d'après les précautions qu'ils sont obligés de prendre. Il n'est jamais nécessaire de se mettre en défense contre les citoyens, quand on gouverne dans leur intérêt.

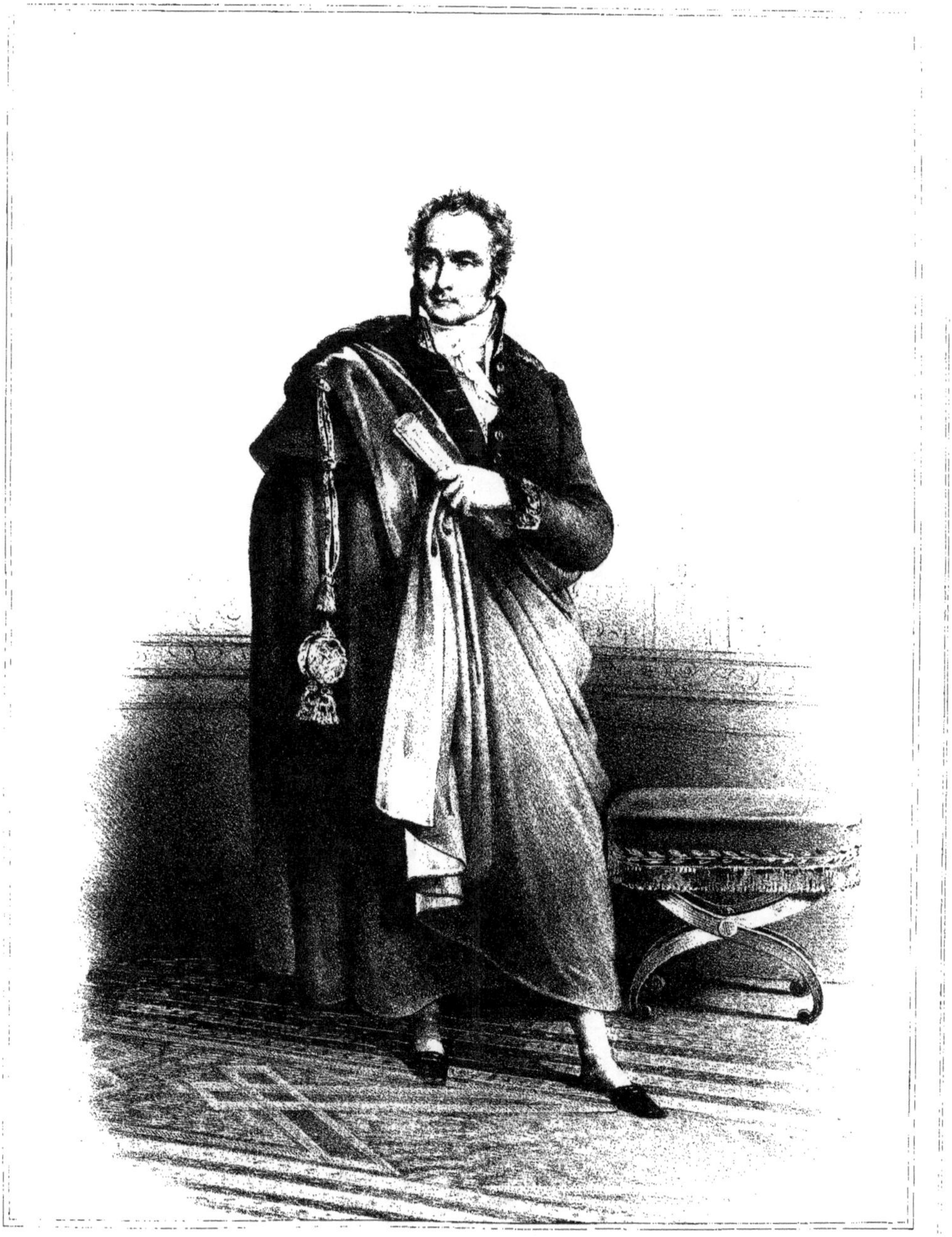

29 Juillet 1830.

(Député)

Membre du Gouvernement provisoire

...stre de l'Intérieur, Président du Conseil

Au surplus, les ministres ne s'étaient pas trompés sur l'accueil qui leur était destiné. Dans le cours de la journée, un assez grand nombre d'individus sachant qu'ils devaient revenir de Saint-Cloud après le conseil, s'étaient échelonnés dans l'avenue de Neuilly et sur les boulevards; la malédiction, l'exécration publiques s'attachaient sur-tout à M. de Polignac. Si sa voiture avait été saisie dans ce moment d'effervescence, il aurait payé de sa vie le grand crime politique dont aux yeux de tous il était le principal auteur. Mais il reçut en route des avis salutaires; il parvint donc à éviter la foule, et gagna sans accident son hôtel. Un hazard peut-être épargna au peuple irrité un meurtre inutile.

Rentré dans ses salons brillant de luxe et de lumière comme aux jours de tranquillité profonde, M. de Polignac y attendit ses collègues, pour dresser sans doute le plan de bataille du lendemain. Les courtisans aussi étaient accourus. La résistance ne leur avait pas paru assez décisive encore, pour les dispenser de faire leur cour. Des hommes il est vrai, avaient été tués, d'autres blessés; mais ces petites scènes militaires n'étaient pas sans exemple; et, pour affermir leur courage, ils se rappelaient avec une sorte de volupté les souvenirs de la rue St-Denis où la victoire était restée au roi; et leurs voix de flatteurs se grossissaient pour exciter le feu des discordes civiles!

Les imprudents! pendant qu'ils raisonnaient à perte de vue sur les chances de la guerre, mollement étendus sur des sofas dorés, les citoyens, les bras nus, la sueur au front, parcouraient la ville, brisaient les réverbères, ordonnaient le dépavage des rues, la construction des barricades; et lorsque les ministres quittèrent l'hôtel du président du conseil, escortés de gendarmes, pour se rendre à leurs demeures respectives, ils purent prévoir les désastres du lendemain. Toutefois au milieu de ces préparatifs que le bon sens seul de chaque citoyen le portait à faire, on n'apercevait point de chefs encore : il y avait unité de pensées; mais chacun devait, pour agir, prendre conseil seulement de la circonstance où il se trouverait placé.

Peu à peu le bruit cessa. Paris rentra dans le calme accoutumé : silence de quelques heures, pendant lequel une grande ville prend l'aspect sombre et triste de ces villes abandonnées, que le temps livre, dépouillées de leur antique splendeur. à la curiosité du voyageur et aux recherches de l'artiste savant.

Le soleil du mercredi se leva radieux. Dès la pointe du jour, la plus grande activité règne dans Paris. Dans tous les quartiers on brise les réverbères, qui, la veille, ont été épargnés. Les armes de France, tous les insignes de la royauté, qui décorent quelques magasins, sont arrachés, foulés aux pieds, aux grands applaudissements de la foule. Les propriétaires eux-mêmes s'empressent de donner satisfaction au peuple. en barbouillant ou faisant disparaître les enseignes qui rappellent des noms désormais voués à l'exécration publique. Au milieu de cette agitation, chacun donne ses plans de défense. Les rues sont dépavées, et les pavés s'élèvent en murailles, qui présenteront à l'ennemi une barrière infranchissable. Tous les citoyens, sans distinction d'âge ni de rang, se livrent avec une égale ardeur au travail des fortifications ; tous fraternisent. Aux jours de prospérité, les hommes, séparés par les distinctions ou par la fortune, vivent isolés au milieu d'une société apparente ; mais aux jours du danger, ils se rapprochent, s'unissent, et alors seulement il y a égalité.

Une curiosité inquiète attire tous les citoyens sur la voie publique. Dans les grandes crises, il n'y a point d'indifférents ; on s'aborde sans se connaître ; les questions succèdent aux questions. Quelles forces le roi peut-il opposer ? Comment pourra-t-on résister à ces militaires exercés, si habiles dans les manœuvres ? Le triomphe est-il probable ? Si les ministres sont vainqueurs, quels torrents de sang vont couler ! Si le peuple l'emporte, quelle sera la forme du gouvernement adopté ? Hier encore, le rappel des ordonnances semblait être le seul but de la révolte, mais aujourd'hui, c'est sur les ruines de la royauté elle-même que le peuple veut asseoir ses trophées.

Pendant que toutes ces questions frivoles s'agitent entre les curieux et les oisifs, la partie civile de la société a déjà commencé le combat. Sur tous les points à la fois et presque au même moment, la guerre est déclarée. Des hommes sans armes, mais emportés par une énergie brûlante, se précipitent sur les soldats et sur les gendarmes, et arrachent leurs fusils. Plusieurs postes, ceux du Pont-aux-Changes, de la rue de Tournon, sont enlevés ; on se bat moins pour abattre un ennemi qui déjà se retranche dans ses casernes et ne doit plus paraître, que pour conquérir des armes ; on s'en saisit avec joie ; on les emporte avec triomphe ; et chacun voyant passer le triomphateur envie son sort, car il va vaincre ou mourir pour les lois de son pays. Les citoyens qui n'ont point été assez heureux ou assez actifs pour assister au siége ou à l'escalade des casernes ou des postes, pénètrent chez les armuriers qui cèdent sans résistance. Les armes destinées aux jeux pacifiques des théâtres passent dans les mains des ouvriers, qui sauront les ennoblir. Le Musée d'artillerie est même envahi, et ces vieilles épées, la joie, l'orgueil des antiquaires, vont, après un long temps, se dérouiller dans de nouvelles batailles.

Pour la première fois sans doute, et à la vue de ces insignes traînés dans les ruisseaux, la royauté ou ses ministres a compris le danger. Il ne s'agit plus pour elle d'envoyer sabrer de malheureux ouvriers ; c'est la nation menaçante, toute armée, qui est devant elle. Dans ce moment solennel, où va se décider le sort d'une dynastie, Paris représente la France, et Paris tout entier est en révolte ; sans doute le

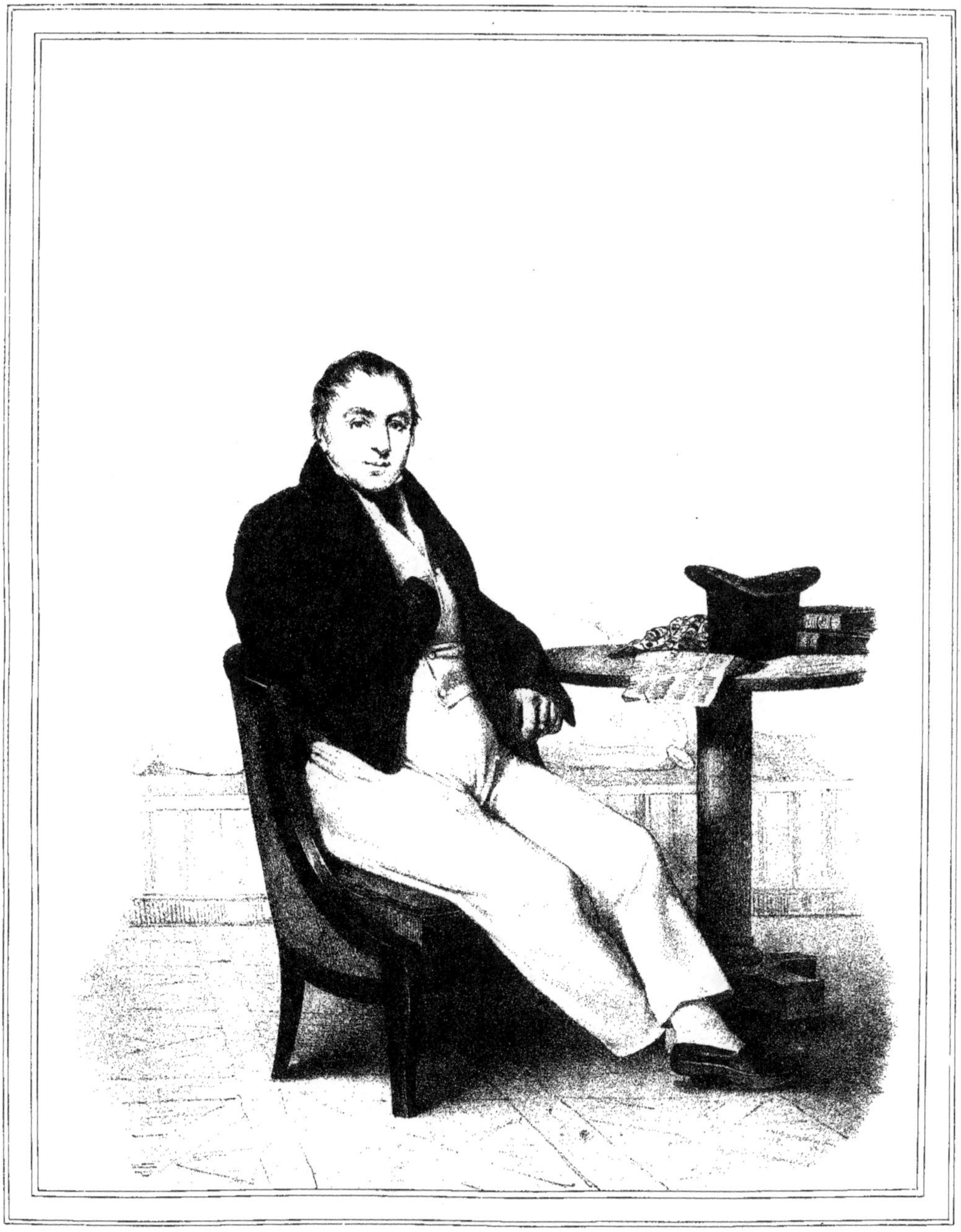

Blanc — *Petit direxit* — *Lith de Bichebois ainé, r. de la Bibliothèque, N° 4.*

Mr DUPONT DE L'EURE, (Député)

Ancien Ministre de la Justice.

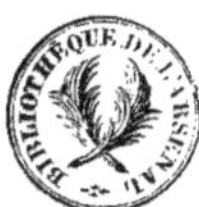

roi compte dans son armée des soldats dévoués, soldats étrangers ou privilégiés, qu'il semble avoir particulièrement aimé et protégé pour en faire le rempart de la tyrannie. Mais il faut un chef à ces satellites ; le duc de Raguse a eu le malheur d'être choisi. La veille à l'académie, il s'était prononcé hautement contre les ordonnances, et aujourd'hui il les accepte ; son bras défendra des actes que sa raison a traités de folie, une destinée affreuse semble l'entraîner. L'homme qui s'est vendu une fois, est pour jamais esclave : c'est un arbre flétri sur lequel apparaissent et se fanent au même instant quelques fleurs, belles encore, mais stériles.

Raguse fait ses dispositions ; dans quelques heures, ses troupes soldées à l'extraordinaire, déboucheront sur tous les points ; elles trouveront partout des hommes de cœur, des tirailleurs ardents, infatigables, qui voient la mort en face et l'affrontent en la raillant.

Admirable spectacle ! çà et là, on rencontre de petits corps groupés sans ordre, armés de piques, de sabres, de fleurets et de fusils ; tous ces hommes sont gais, ils ont un air de fête ; ils chantent des airs patriotiques : on dirait qu'ils ne comprennent pas leur position, ou qu'ils goûtent déjà au milieu des fatigues et du danger, le bonheur qui naît toujours d'un grand devoir accompli. Le plus hardi s'est proclamé chef ; il commande et tous obéissent, parce qu'ils ont reconnu en lui un caractère supérieur, mais ces corps agissent, marchent isolément ; nulle part on n'aperçoit cette unité de direction, qui suppose un plan tracé et l'existence d'un chef suprême. Peu importe, au reste, tous s'entendent sur le but à atteindre, là est leur force ; et ce qui redouble leur courage, c'est qu'ils sentent que, en quelque lieu qu'ils se trouvent, ils sont entourés d'alliés et d'amis.

Vers dix heures, la fusillade s'engage dans plusieurs directions ; un bataillon du 50ᵉ de ligne est désarmé sur la place royale, ou plutôt il se laisse désarmer. Ces soldats ont compris l'horrible mission qu'ils ont à remplir ; et l'or qu'on leur a distribué n'a pas été assez puissant pour légitimer à leur yeux les actes d'une atroce tyrannie.

Dans le faubourg Saint-Antoine, on se bat avec fureur ; des citoyens retranchés dans leurs maisons comme dans des citadelles, dirigent sur la garde royale un feu nourri ; ceux qui n'ont point d'armes lancent des projectiles de toute espèce.

Ce sont les cuirassiers de la garde qui sont chargés de soutenir sur ce point la cause de la royauté ; ils n'épargnent personne, vieillards, femmes, enfans, tous tombent sous leurs coups. Les citoyens se dispersent un instant, mais bientôt ils se rallient, le porte-drapeau s'avance alors et plante au milieu de la rue le drapeau aux trois couleurs, qui a reparu aussitôt que le premier cri de la liberté s'est fait entendre, et il meurt en héros. Plusieurs officiers de cuirassiers payèrent de leur vie l'acharnement cruel qu'ils avaient excité. L'un d'eux, qui commandait en chef, fut renversé de son cheval par un jeune homme âgé de 25 ans à peine : ce jeune homme, se dévouant volontairement à une mort certaine, se glisse armé d'un pistolet auprès de lui ; il lui casse la tête et se sauve. Près de la place de l'Eléphant, la petite armée citoyenne avait été tournée par plusieurs bataillons de la garde : elle ne dut son salut qu'à l'intrépidité d'un ancien officier. A la tête de vingt de ces braves, il s'élance sur une compagnie : Rendez vos armes ! crie-t-il avec audace, et le capitaine lui-même dépose son épée entre les mains du vainqueur. Mais le nombre bientôt l'emporte ; on saisit l'officier ; sa mort va venger le déshonneur qu'il vient d'imprimer sur le front des bataillons royaux. Ses compagnons ne l'abandonnent point : grâce à eux et après une lutte acharnée, il recouvre sa liberté !

Pendant que le faubourg Saint-Antoine soutenait avec vaillance le choc des cuirassiers de la garde, sur d'autres points s'engageaient des combats non moins ardents : à la porte Saint-Denis, à la porte Saint-Martin, la garde royale, cernée de toutes parts, subissait un feu continuel et meurtrier qui partait des fenêtres voisines. Retranchée comme dans un bastion sous ces portes, vieux monuments de la gloire de Louis XIV, vainement elle tenta d'écraser de balles et de mitrailles les citoyens qui accouraient en foule opposer le front d'hommes libres aux coups mortels des satellites de la royauté. Il lui fallut céder, non au nombre mais au courage, non à la tactique militaire, mais à l'audace d'un dévouement poussé jusqu'au fanatisme.

Dans le faubourg Saint-Martin, la caserne des gendarmes est enlevée après une résistance opiniâtre et la plus lâche des trahisons. Entourés d'ennemis, les gendarmes avaient promis de livrer leurs armes ; mais rentrés dans leur caserne, ils dirigent un feu terrible sur leurs vainqueurs trop confiants. Alors le carnage devient affreux. Le poste enlevé, on brûle tout ce qui s'y trouve, à peine quelques hommes échappent-ils au massacre que leur fourberie a provoqué. ,

On se bat aussi auprès de la place des Victoires. Dès le matin, le poste de la Banque, occupé par une compagnie du 58ᵉ de ligne, a fraternisé avec les citoyens commandés par un ancien officier de l'empereur, M. Dumoulin. A dix heures, le général de Wals débouche par la place Vendôme avec un régiment d'infanterie précédé d'un escadron de lanciers et d'une compagnie de gendarmerie. Des citoyens sans armes fuient devant cette troupe armée. Parvenu en face de la petite troupe de l'officier Dumoulin, le général forme plusieurs colonnes qui occupent la rue Neuve-des-Petits-Champs, celle Croix-des-Petits-Champs et les deux petites rues qui conduisent de la place des Victoires au passage des Petits-Pères. Il commande le feu, emporte le poste de la Banque, et occupe en force la place des Victoires.

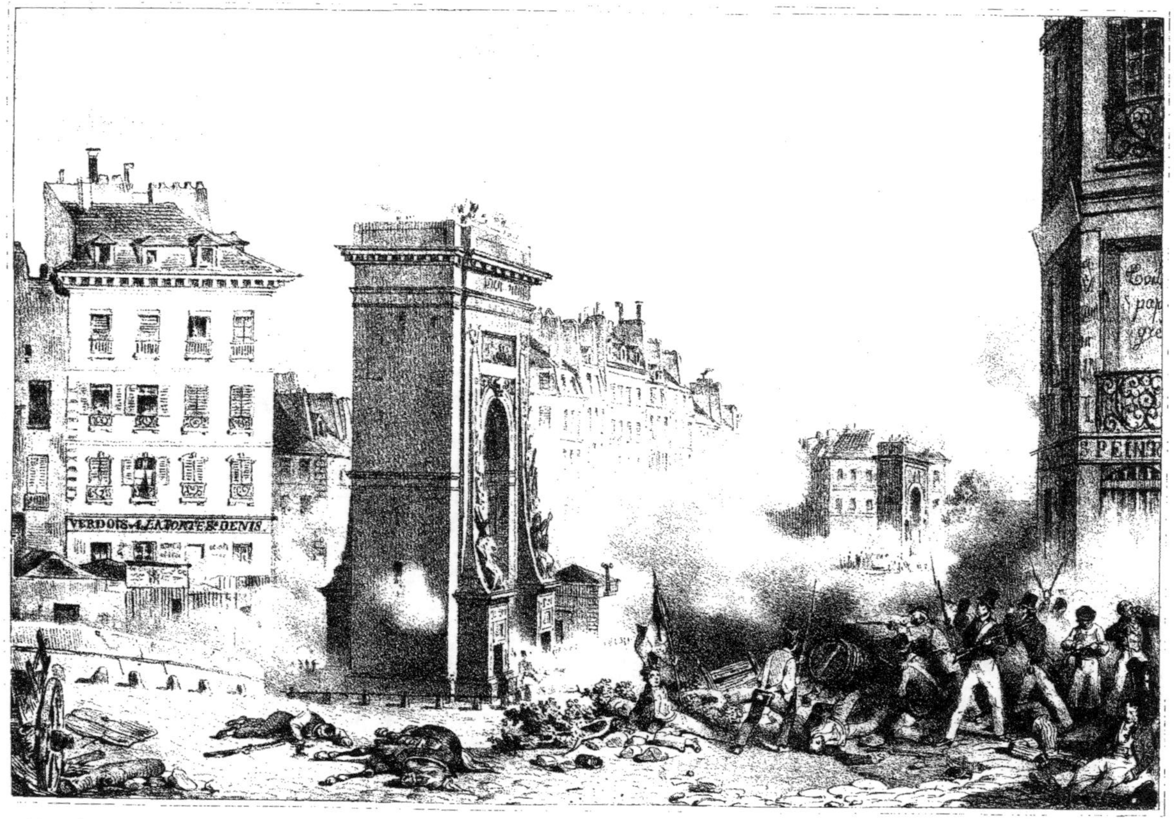

L. de Benard et Bichebois aîné

28 Juillet 1830

COMBATS DES BOULEVARDS

Porte St Denis et Porte St Martin

Les patriotes se replient sur la rue Montmartre, sur la Halle et le Marché-des-Innocents. Un combat à outrance venait d'être engagé dans ce dernier lieu. Des militaires qui y étaient retranchés, les uns étaient tués, les autres avaient pris la fuite. Un jeune homme, Céleste Sebire, s'était élancé, un drapeau tricolore à la main, sur la fontaine qui décore cette place, et il avait planté en signe de triomphe cet étendard de gloire et de liberté. Alors un nouveau malheur faillit jeter la consternation parmi les habitants de ce quartier si populeux. Trois fois le feu fut mis à la Halle-aux-Draps par une main invisible; trois fois le zèle des citoyens parvint à s'en rendre maître et à effacer les traces de ce crime odieux et inutile.

Ainsi Paris en deux jours s'est changé en un vaste champ de bataille. Au tumulte ordinaire des voitures circulant en tous sens, des cris variés des marchands ambulants, a succédé partout le bruit de la fusillade et du canon. Dans tous les quartiers les boutiques sont fermées, plus de commerce, plus d'affaires. La Bourse est muette, le sanctuaire de la justice entouré des soldats armés, ne s'ouvre plus même aux magistrats; le tribunal de commerce seul tient encore une audience, non pour satisfaire à des intérêts commerciaux, mais pour faire entendre au pays le langage noble et ferme de la liberté. A onze heures, les magistrats ayant à leur tête M. Ganneron sont montés sur leur siége. M. Gaultier-Laguionie, imprimeur du *Courrier Français*, a refusé de remplir ses obligations. MM. Lapelouze et Châtelain, gérants du journal, l'ont assigné à bref délai devant le tribunal de commerce en exécution de ses engagements. M. Mérilhou, avocat, se présente. Le tocsin sonne, les tambours battent, les citoyens armés arrachent à la royauté la couronne des despotes qu'elle n'a pas la force de défendre. L'avocat combat aussi, mais avec d'autres armes: c'est devant la justice, c'est au tribunal des lois qu'il traîne des ordonnances souillées de tyrannie; il dit la trahison des ministres, les crimes des dernières journées; le pacte social a été déchiré, les pouvoirs administratifs s'effacent devant la force brutale. Au milieu de ce désastre public, le pouvoir judiciaire reste seul debout sur des ruines, comme pour imprimer le sceau de la légalité sur l'oriflamme de la victoire. D'avance, ajoute l'avocat, et dans une circonstance solennelle, la magistrature a condamné les tentatives criminelles qui viennent de se réaliser.

Les magistrats comprennent le danger dont ils sont menacés, mais ils comprennent aussi la haute et sainte mission qu'ils ont à remplir: le sentiment du devoir triomphe, et le courage de ces hommes élève à la magistrature un de ses plus beaux monuments.

Voici le jugement rendu par MM. Lemoine-Tascherat, Gisquet, Lafond et Truelle, juges, président M. Ganneron.

« Le tribunal :

» Considérant que par convention verbale, Gaultier-Laguionie s'est obligé à imprimer le
» journal intitulé le *Courrier Français ;*

» Que les conventions légalement formées doivent recevoir leur effet ; qu'en vain, pour se
» soustraire à ses obligations, Gaultier-Laguionie oppose un avis du préfet de police con-
» tenant injonction d'exécuter une ordonnance du 25 de ce mois ;

» *Que cette ordonnance, contraire à la Charte, ne saurait être obligatoire ni pour*
» *la personne sacrée et inviolable du roi, ni pour les citoyens aux droits desquels*
» *elle porte atteinte ;*

» *Considérant au surplus qu'aux termes mêmes de la Charte, les ordonnances ne*
» *peuvent être faites que pour l'exécution et la conservation des lois, et que l'ordon-*
» *nance précitée aurait au contraire pour effet la violation des dispositions de la*
» *loi du* 28 *juillet* 1828 ;

» Par ces motifs :

» Le tribunal ordonne que les conventions d'entre les parties recevront leur effet ;

» Condamne en conséquence, et par corps, Gaultier-Laguionie à imprimer le journal
» le *Courrier Français,* et ce, dans les vingt-quatre heures pour tout délai ; sinon, et
» faute par lui de le faire, fait réserve au profit de Lapelouze et Châtelain, ès noms qu'ils
» agissent, de tous leurs droits et dommages et intérêts, sur lesquels il sera ultérieurement statué ;

» Ordonne l'exécution provisoire ; sur la minute des présentes et nonobstant appel. — Con-
» damne Gaultier-Laguionie aux dépens. »

Cependant, peu à peu on voyait s'augmenter les forces populaires. Loin d'intimider, les nombreux bataillons royaux excitent l'enthousiasme et bannissent la
crainte. Déjà apparaissent des gardes nationaux en uniforme ; la vue seule de cet
habit, proscrit depuis long-temps, annonce une révolution complète. Les Écoles
s'agitent. Le peuple des faubourgs a été demander des chefs à cette brave jeunesse
de l'école Polythecnique qui, dans ces jours de deuil et de triomphe pour la
patrie, a fait reverdir la couronne que la nation avait placée au front des Élèves
de 1814. A la voix du peuple, presque tous s'élancent, et les patriotes voient à
leur tête des chefs intrépides, disposés à les conduire partout où il y a du danger
et par conséquent de la gloire à recueillir.

La Cour a désormais placé la mort entre elle et le peuple. Paris a cessé d'être
sous l'administration de ses magistrats civils ; il a été livré à un chef militaire et
à la justice expéditive des camps, plus sanglante encore que celle du grand Turc.
Depuis le matin la ville est en état de siége ; et comme l'a dit la commission
d'accusation des ministres : « Ce centre des beaux arts et de la civilisation, res-
pecté deux fois par les armées étrangères, va subir le sort qu'il n'eût pas eu probablement à redouter d'une troisième invasion. »

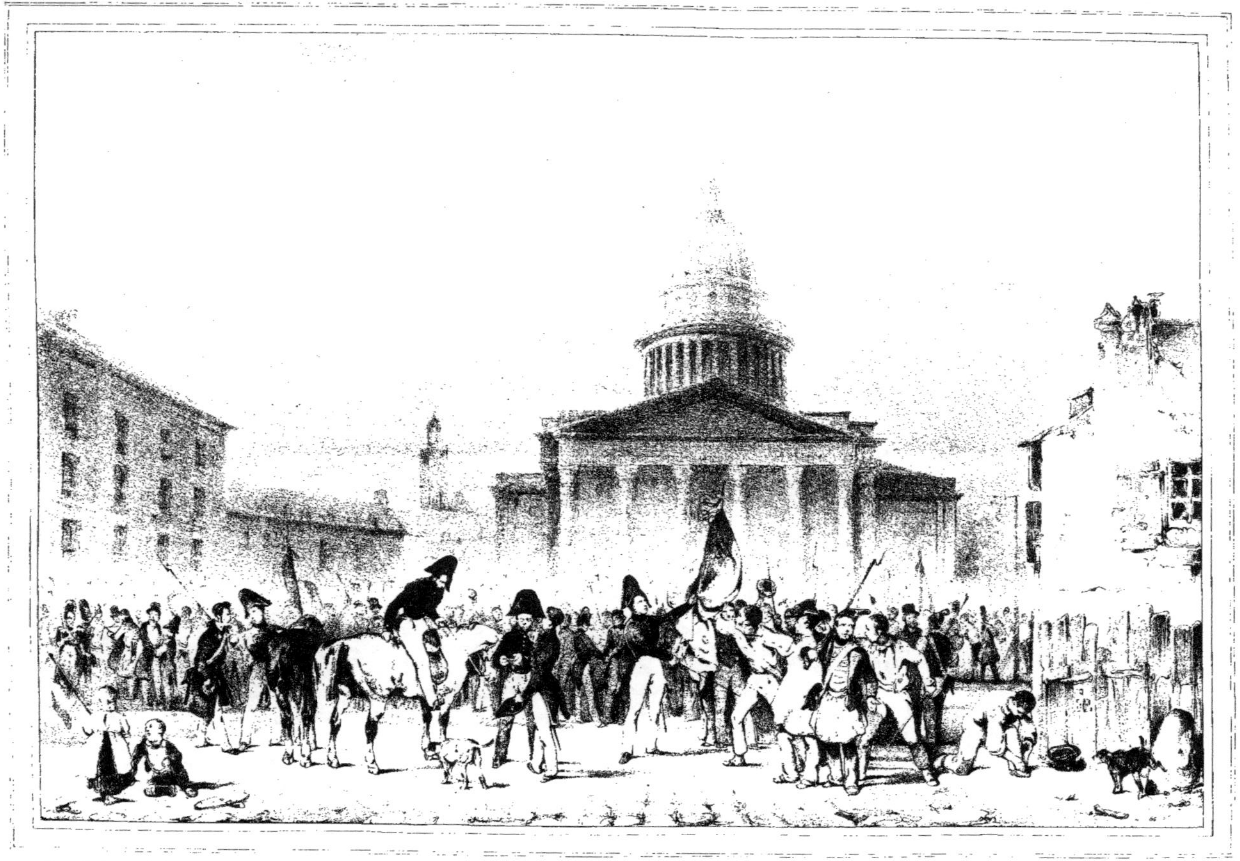

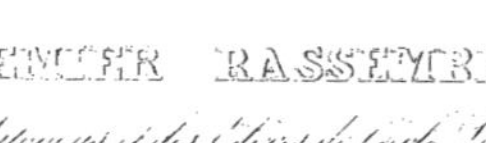

28 Juillet 1830.

PREMIER RASSEMBLEMENT

des Citoyens et des Élèves de l'École Polytechnique

(Place du Panthéon)

L'ordonnance qui consacre cette terrible mesure n'est contre-signée que par M. de Polignac ; les autres ministres n'en ont eu aucune connaissance !

Au moment même où le président du conseil, d'accord avec son roi, met Paris en état de siége, il écrit au maréchal de Raguse : « Vous feriez bien de faire dire à » M.... que le roi donnera de l'argent aux ouvriers qui ont faim, s'ils quittent les » révoltés, et qu'il le fasse crier partout, et que d'un autre côté un conseil de » guerre doit juger les coupables. »

Et en effet, le prix du sang a été fidèlement payé ! Le ministre des finances, Montbel, a délivré 400,000 fr. C'est ainsi que l'argent du peuple servait à mitrailler le peuple : mieux vaut, au reste, cette horrible destination que celle qui précédemment tendait à l'asservir !

Des combats sérieux sont engagés sur tous les points ; mais il est un lieu où le duc de Raguse paraît vouloir sur-tout concentrer ses forces et livrer bataille, c'est l'Hôtel-de-Ville. Ce vieux monument, témoin de tant de révolutions, a toujours été l'asile des pouvoirs populaires : c'est un centre où viennent naturellement aboutir toutes les pensées révolutionnaires, qui tendent à rétablir l'ordre au milieu du désordre. Le ministère a craint que les députés, réunis à l'Hôtel-de-Ville, n'y proclamassent la déchéance et n'élevassent, sur les ruines du trône brisé, un gouvernement provisoire, ou même la république. Conquérir l'Hôtel-de-Ville, c'est donc pour lui une bataille gagnée. Toutes les avenues en sont soigneusement gardées ; sur le Pont-Neuf, dans la rue de la Monnaie, sur le Pont-aux-Changes, le quai aux Fleurs et dans la rue St.-Martin stationnent de nombreuses troupes de ligne ou des bataillons de la garde royale ; le matin, on a vu çà et là paraître quelques gendarmes ; il y a eu même contre eux sur le quai aux Fleurs, au quai de la Vallée, des engagements partiels ; mais bientôt ils ont disparu comme par enchantement. Les colonnes de la ligne semblent plutôt appelées à assister à un spectacle qu'à prendre part à une action. Les soldats s'entretiennent paisiblement avec les citoyens, les officiers tolèrent ces conversations ; ils ne veulent pas pousser leurs soldats à la désobéissance, ils laissent faire.

Au reste, s'il est entré dans les vues du duc de Raguse de fixer sur la place de Grève son champ de bataille, il peut être satisfait, les citoyens ne manqueront pas au rendez-vous de mort qu'il leur donne ; déjà même ils l'ont précédé sur le terrain. Dès le matin, le général Dubourg, choisi pour chef par les citoyens, dont la veille il avait dirigé la défense, s'est porté sur l'Hôtel-de-Ville. Là, il s'est composé une sorte d'état-major. A chaque instant arrivent des recrues nouvelles de toutes les directions. Il n'était encore que dix heures et demie du matin ; un soleil brûlant enflammait l'atmosphère ; la garde royale s'avançait au pas accéléré et balayait tout sur son passage. Arrivée sur la place du Louvre, elle fait feu sur des groupes de citoyens qui s'organisaient pour se défendre; les groupes se dispersent, la garde se dirige sur l'Hôtel-de-Ville. A onze heures, elle débouche sur la place auprès du pont d'Arcole, avec son artillerie, et là elle se met en bataille.

Dans ce moment des citoyens occupaient les salles de l'Hôtel-de-ville; dès le matin, ils s'en étaient emparés ; d'autres stationnaient sur la place elle-même, et paraissaient disposés à s'y défendre. Toutefois, leur intention ne pouvait être d'affronter le feu d'une bataille rangée. Comment, en effet, avec de mauvaises armes et surtout sans artillerie, auraient-ils pu se soutenir contre leurs ennemis ? Il n'y avait de salut pour eux que dans une guerre d'embuscade; ils s'y résignèrent, et cette tactique de bon sens leur a valu partout la victoire. Dès que la garde parut et déploya ses colonnes sur la place de Grève, les patriotes, retranchés dans l'Hôtel-de-Ville délogèrent par les portes de derrière, et bientôt ils revinrent se poster à l'entrée des petites rues voisines. Les Suisses, l'artillerie prirent alors position devant l'Hôtel-de-Ville, et la fusillade s'engagea sur tous les points. On tirait non-seulement du coin des rues, mais de toutes les fenêtres; des patriotes même avaient gagné les toits et, cachés derrière les cheminées, ils dirigaient incessamment un feu meurtrier sur la troupe. Les plus audacieux, échelonnés sur le quai opposé à la Grève, s'avançaient par intervalle sur le pont appelé aujourd'hui pont d'Arcole, et de là ils inquiétaient vivement l'ennemi. Quelques-uns se plaçaient en tirailleurs, derrière la porte qui soutient les chaînes du pont. Lorsque la foule était trop grande ou le feu des assaillants trop meurtrier, la garde répondait par des feux de pelotons. De temps en temps aussi l'artillerie manœuvrait et les coups de canon jetaient au loin la terreur : mais aussitôt que les citoyens apercevaient ces dispositions hostiles, ils se retiraient et, cachés derrière les parapets ou autrement, ils bravaient ainsi la mitraille. La place de Grève était exclusivement abandonnée à la garde, et là, à découvert, elle se trouvait incessamment exposée aux balles de ses ennemis.

Ces ennemis se multipliaient; à chaque instant arrivaient des renforts. Une petite troupe, dirigée par un chef intrépide, s'était emparée de Notre-Dame. Le drapeau tricolore flottait sur les tours et annonçait à tout Paris, et même à Saint-Cloud, les progrès de la révolte. Le tocsin faisait entendre sa terrible voix et à cette voix accouraient les défenseurs de la liberté, tous brûlants de se mesurer sur le champ de bataille, que la garde royale semblait avoir particulièrement choisi pour livrer un combat décisif.

Les avenues de la place étaient gardées, mais pas assez soigneusement pour

Lehnert Lith.

Petit dessiné

Lith. de Bichebois ainé, rue Jacq. N.º 23

28 Juillet 1830.

ATTAQUE DE L'HOTEL DE VILLE.

empêcher les citoyens d'approcher et d'opérer des diversions utiles pour les assaillants. Les troupes royales étaient comme bloquées. De temps en temps elles
faisaient des sorties dans chaque rue pour les dégager. Devant un ennemi qui
aurait résisté de front, sa force d'organisation aurait prévalu; mais devant les
patriotes elle était sans puissance. Ils cédaient le terrain, mais bientôt ils revenaient
à la charge et recommençaient les hostilités avec une nouvelle vigueur.

La journée tout entière s'écoula sans que l'ardeur des patriotes fût un instant
ralentie. A trois heures la garde royale reçut ses dernières munitions. Les citoyens
trouvaient partout des réserves : la nuit était déjà venue que le combat durait
encore. Mais enfin la garde n'ayant plus de cartouches, se retrancha dans l'Hôtel-
de-Ville. Le combat cessa. A minuit l'Hôtel fut évacué, et les troupes se dirigèrent
sur le Louvre et les Tuileries.

Pendant que les citoyens soutenaient sur la place de l'Hôtel-de-Ville et dans les
rues adjacentes un combat acharné, ailleurs aussi un sang généreux coulait au
nom de la liberté; les rues Saint-Denis, Saint-Martin, Montmartre, Saint-Honoré,
Richelieu étaient autant de champs de bataille sur lesquels régnaient le carnage et
la mort. Réfugiés dans les maisons, postés à tous les coins de rue, les patriotes
faisaient pleuvoir une grêle de balles sur les soldats rangés en bataille. L'artillerie,
les feux organisés étaient inutiles devant des adversaires qui disparaissaient,
comme par enchantement, avant même que les artilleurs ou les soldats aient pu
exécuter leurs manœuvres. Les citoyens, d'ailleurs, n'avaient à redouter aucunes
surprises; au contraire les troupes royales trouvaient partout des ennemis, et
tandis que les portes s'ouvraient pour recueillir les citoyens et les protéger, elles
étaient, elles, assaillies des fenêtres de tout étage par des projectiles de toute espèce
qui les écrasaient et les contraignaient à une prompte retraite. Chaque maison
était une place forte dont la défense avait été confiée aux femmes et aux enfants
dignes de cette mission.

A mesure que la journée s'avançait, la ligne de bataille prenait une plus grande
extension. Les boulevarts étaient en feu; çà et là s'élevaient des barricades composées des arbres que la hache avait renversés. Les citoyens défendaient ces barricades qui étaient pour eux autant de bastions tour à tour pris et repris. Après dix
heures de combat, les troupes royales commencèrent à se replier sur les Champs-
Élysées, et le terrain resta aux patriotes avec l'honneur de la journée. Les quais
présentaient le même spectacle; la rivière séparait les combattants. Là les coups
étaient moins meurtriers; mais peu à peu l'action devint plus ardente. Sur les
trois heures de l'après-midi, les Suisses, retranchés dans le Louvre, vivement in-
quiétés par les tirailleurs qui s'avançaient sur le Pont-des-Arts, firent une sortie;

alors commença sur ce point un engagement qui ne se termina qu'à la nuit. Des élèves des Beaux-Arts, armés de fusils de chasse, se présentèrent intrépidement pour répondre aux Suisses, et malgré le feu que ceux-ci dirigeaient des fenêtres et du jardin du Louvre, ils s'avançaient jusqu'au milieu du Pont-des-Arts, et revenaient après avoir, presque toujours à coup sûr, déchargé leurs armes. L'attaque de ce côté devint, vers le soir, tellement sérieuse, que les Suisses sentirent la nécessité de faire un appel à l'artillerie; le canon tonna, mais en vain; la nuit seule put faire cesser le combat. Cependant les balles et la mitraille avaient blessé un grand nombre de citoyens. La vue de ces malheureux que l'on transportait sur des planches à l'Hôpital de la Charité, jeta l'indignation et le désir de la vengeance dans le cœur des citoyens qui jusqu'alors ne s'étaient associés que de vœux seulement à la résistance.

L'histoire aimerait à redire tous les traits d'héroïsme de la grande journée du 28, mais il faudrait inscrire tous les noms et raconter tous les actes des combattants. Partout même ardeur, même audace dans l'attaque, même opiniâtreté dans la défense. Jamais peut-être la sainte cause de la patrie n'avait enflammé plus de nobles cœurs. On eût dit que chacun se battait pour ses foyers dans un intérêt purement privé, tant il s'était identifié avec l'intérêt général. Quel courage dans l'action! quel mépris de la mort! ils vivaient tous d'exaltation et d'enthousiasme: vainqueurs, ils se précipitaient sur l'ennemi en désordre au cri de vive la liberté! vaincus, mutilés par la mitraille, ils trouvaient encore un reste de vie pour jeter le même cri. Les enfants, les femmes s'étaient élevés à la hauteur des hommes; les premiers combattaient dans la rue comme leurs pères, et s'ils montraient une raison plus faible, c'était seulement alors qu'il s'agissait de calculer le danger, de marcher avec prudence ou d'abandonner une défense inutile. La postérité conservera le souvenir de ce jeune homme qui plusieurs fois s'avança sur le Pont d'Arcole, et planta par trois fois le drapeau tricolore au milieu du feu le plus vif. Il a succombé, mais avec gloire: ce n'est pas mourir.

Les ouvriers, les artisans, toute cette classe d'hommes qu'une aristocratie insolente désigne sous le nom de populace, conduits par les Élèves des Écoles, avaient pris la plus grande part aux faits d'armes de la journée que nous venons de décrire. Il ne faut pas moins admirer leur prudence que leur haute valeur. Le bons sens du peuple le sert toujours à merveille lorsqu'il se trouve appelé à jouer un rôle actif dans les grandes crises politiques. Chez ces hommes, en général, les passions dominent, la raison n'est pas toujours maîtresse : il n'en fut pas ainsi pendant le combat; alors ils ne cédèrent qu'à la passion de la gloire. Toutes les maisons s'ouvraient devant eux et ils y recevaient une hospitalité franche et pleine

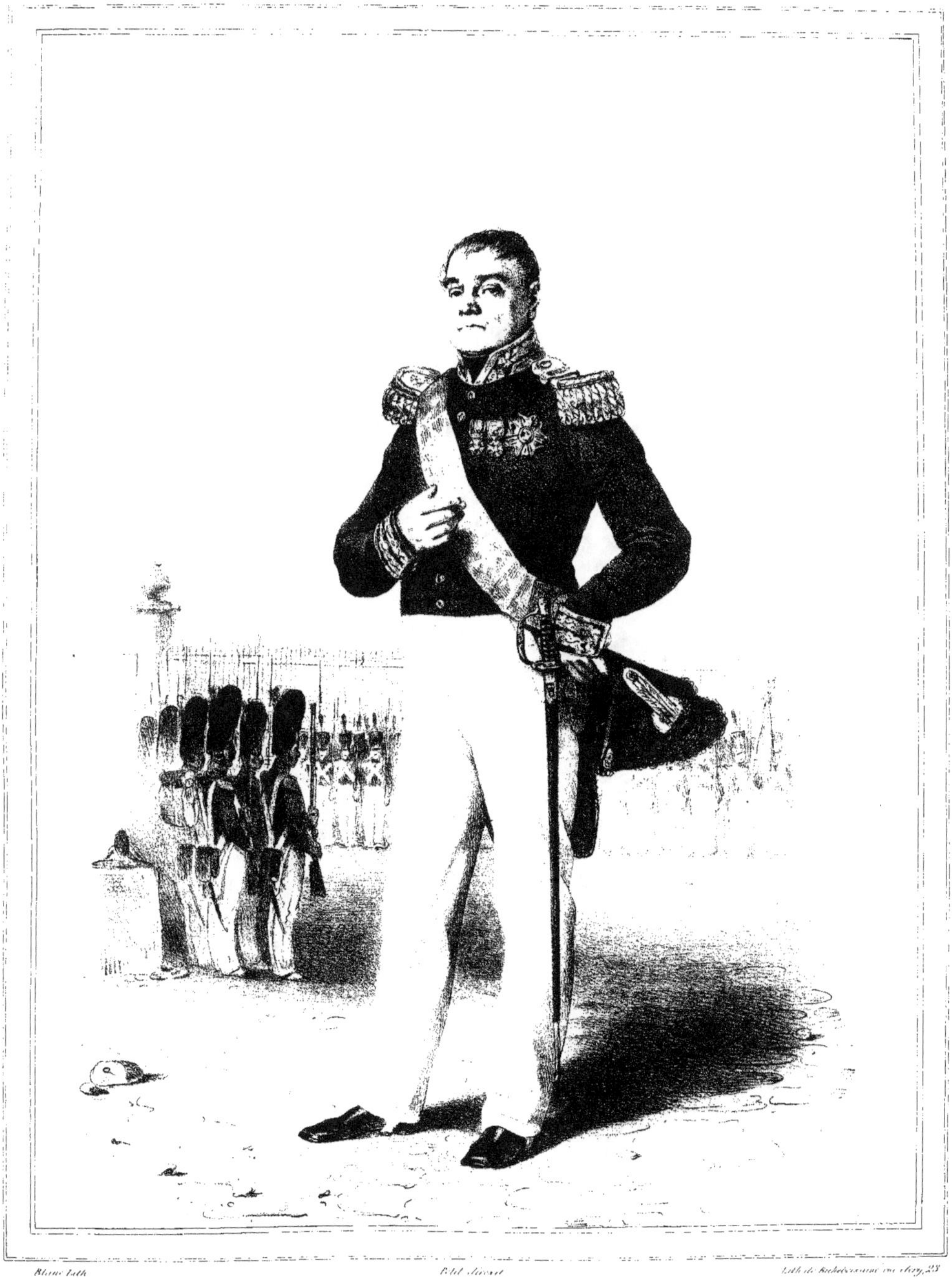

Blanc lith. Petit Aîné Lith. de Bachelier, rue Cléry, 23

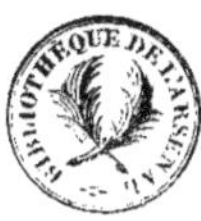

29 Juillet 1830

LE Cte DE LOBAU

Membre du Gouvernement provisoire

Commandant en Chef la Garde Nationale de Paris.

de dévouement; mais ils repoussaient des offres faites avec imprudence. Ils s'étaient fait à eux-mêmes, spontanément et presque sans se l'être communiqué, une loi de ne pas boire de liqueurs qui pourraient compromettre leur raison, et cette loi ils l'accomplissaient avec rigueur. Ce fait, que tout le monde a pu observer, est un des plus curieux peut-être que l'on puisse signaler, car il caractérise bien une population, et indique au pouvoir tout ce qu'il peut attendre d'elle s'il la gouverne pour elle-même, et aussi tout ce qu'il doit en redouter s'il la sacrifie aux ambitieux et aux courtisans.

A côté des scènes militaires qui devaient occuper la première place dans le récit de la journée du 28, il faut maintenant placer les scènes politiques. Le peuple se divise naturellement en deux parties : l'une qui agit, c'est celle qui exécute les grandes choses, qui obtient les résultats, qui réalise en un mot les idées que tous les esprits ont proclamées comme vraies et utiles; l'autre qui délibère, c'est celle qui cherche le vrai, organise l'action : ces deux puissances sont nécessaires l'une à l'autre; malheureusement elles ne marchent pas toujours ensemble.

Le matin du mercredi les journaux n'avaient point paru. Les presses avaient été brisées dès la veille par ordre de M. Mangin. Cependant à l'aide de presses clandestinement conservées, quelques journalistes avaient imprimé de petites feuilles qu'ils firent distribuer sous le manteau, ou qu'ils affichèrent sur les murs. C'était une bonne fortune pour les citoyens, sans nouvelles, de lire ces extraits quoique très imparfaits d'ailleurs. Les conversations sur la voie publique remplaçaient au reste les détails que l'on ne pouvait plus trouver dans les feuilles quotidiennes.

Pendant que le canon tonnait dans Paris, tous les citoyens tournaient les regards vers les députés : la protestation dont nous avons plus haut donné le texte n'avait point encore été publiée, à peine même le mercredi matin était-elle signée. Ce retard et sur-tout ce silence, faisait croire que Paris était abandonné de ceux-là qui auraient dû marcher à la tête du mouvement et le commander. Cependant il n'en était point ainsi. Les députés, il est vrai, ne paraissaient pas disposés à marcher dans le sens de l'insurrection : ils concevaient la possibilité d'une transaction entre le roi et le peuple, et ils cherchaient à entrer en négociation pour obtenir ce résultat qui devait arrêter l'effusion du sang. Il y avait là sans doute une pensée généreuse, mais absence de vue politique. C'est le défaut des délibérants de procéder par voie de transaction et d'accueillir avec trop de facilité des tempéraments, des demi-mesures qui ne produisent jamais qu'une demi-réconciliation entre les pouvoirs dissidents. Il vient un moment où la réconciliation, l'harmonie ne sont plus possibles; il faut donc que le lien se brise violemment :

s'opposer à la rupture c'est s'opposer au bien. Or, ce moment était arrivé. Le mercredi, il n'y avait plus de transaction à faire entre la restauration et la France. La tenter était faiblesse ou folie; mais les députés assemblés en avaient jugé autrement.

Vers deux heures, une commission des députés, composée de MM. *Lafitte, Gérard, Casimir Perrier, Mauguin* et *de Lobau*, se présente aux Tuileries et demande à parler au maréchal duc de Raguse. Après quelques difficultés ils sont introduits. Les cinq députés expriment au maréchal leurs plaintes sur les cruels événements dont Paris est le théâtre; ils demandent la cessation des hostilités : les seules conditions qu'ils mettent à leur projet de conciliation sont le renvoi des ministres et la révocation des ordonnances. A ce prix, mais à ce prix seul ils promettent leur médiation auprès du peuple. Cette proposition qui offrait peut-être à la couronne une voie de salut, trouvait de la sympathie aux Tuileries, non-seulement parmi les personnes qui se grouppaient autour du maréchal, mais auprès du maréchal lui-même. « Je comprends, dit-il aux députés, vos raisons, mais il faut avant tout que force reste à l'autorité; on ne pourra espérer d'avoir quelque influence auprès du roi que lorsque la soumission de la population sera complette. Au surplus, ajouta-t-il, soldat, je ne puis qu'obéir aux ordres qui m'ont été donnés. J'écrirai au roi, j'insisterai autant que possible, mais je ne crois pas pouvoir obtenir quelque chose avant le rétablissement de l'ordre. » Après quelques débats, il propose aux médiateurs de s'entendre avec M. de Polignac lui-même. M. de Polignac avait alors quitté son hôtel et s'était réfugié aux Tuileries. Les députés adhèrent à cette proposition, et le maréchal va en effet chez le ministre; il lui expose le sujet de la visite qu'il vient de recevoir et les conditions de la transaction. M. de Polignac ne donne aucune réponse favorable. Un instant il paraît avoir le désir d'entretenir les députés et il leur fait connaître ce désir; mais bientôt il change d'avis et refuse positivement de les admettre auprès de lui; ceux-ci consternés quittent alors le Palais, n'emportant avec eux que la promesse faite par le maréchal de faire connaître, à Saint-Cloud, tout ce qui se passait.

Des serviteurs fidèles, vraiment amis de leur roi et du pays, auraient cru pouvoir prendre sur eux l'honorable responsabilité de faire cesser les assassinats; mais le duc de Raguse et M. de Polignac jugèrent nécessaire, pendant que le sang ruisselait dans Paris, de prendre les ordres du monarque pour savoir si l'on devait ou non arrêter le carnage de ses sujets! politique prudente mais cruelle, qui jette la honte tout-à-la-fois sur le prince dont apparemment on craignait le désaveu, et sur les exécuteurs de ses hautes œuvres, qui ne pensaient pas que la vie d'un millier d'hommes fût assez importante pour lui sacrifier des faveurs de cour!

Blanc.

Petit direxit

Lith. de Bichebois ainé et de la Bibliothèque N° 1

28 Juillet 1830.

ENTREVUE DE Mˢ LES DÉPUTÉS,

Lafitte, Casimir Périer, Lobau, Gérard, Mauguin avec le Mˡ Duc de Raguse

Paris déclaré en état de Siège.

Quoi qu'il en soit, les circonstances étaient devenues si graves, l'existence de la monarchie était d'heure en heure si fortement compromise, qu'il y avait lieu de croire que lorsque le roi serait instruit; il ferait succéder des ordres moins cruels à ceux qui jusque-là avaient été donnés; on s'attendait donc à une réponse satisfaisante et sur-tout à une réponse prompte. Le maréchal avait tenu sa promesse, il paraît même que M. de Polignac, de son côté, écrivit au roi. M. *Komierouski*, aide-de-camp du duc de Raguse, arrive à Saint-Cloud : il a senti l'importance de sa mission, il s'est hâté et demande à être introduit sur-le-champ auprès du roi ; mais l'*étiquette* le retient dans les antichambres. Dans les mœurs ridicules de cette cour à souvenirs féodaux, vingt minutes doivent s'écouler avant que celui qui postule l'audience soit introduit. Vingt minutes s'écoulent! pendant ce temps le monarque a réfléchi, son cœur s'est attendri sans doute sur les horribles désastres de sa bonne ville de Paris; non, cette famille qui réclame si pompeusement Henri IV pour son aïeul ne donne aucun ordre, et la mission des députés est interprétée à la cour comme une mission de paix, un commencement de soumission.

Les députés n'ayant pu obtenir de résultats ni auprès du maréchal, ni auprès du président du conseil, se réunirent pour fortifier de toute la puissance morale qui résidait en eux la force active que déployaient les citoyens. Déjà diverses réunions avaient eu lieu pour la rédaction et la signature de la protestation. Mais déjà les événements avaient marché. Paris avait été mis en état de siége par Charles X; le duc de Raguse était chargé du commandement, mais de fait il ne commandait pas. Presque tous les quartiers étaient en révolte ouverte, et partout la révolte obtenait des avantages et chassait devant elle cette force militaire sous le joug de laquelle une ordonnance odieuse prétendait placer une grande ville. Paris était donc sans gouvernement, il était en conséquence urgent d'y pourvoir. Or, l'organisation d'un gouvernement provisoire entrait spécialement dans les fonctions des députés réunis à Paris.

Une assemblée avait été convoquée chez M. Bérard, rue Neuve-des-Mathurins. A cinq heures rien n'y avait été décidé encore. M. Lafitte y rendait compte de sa mission, et presque tous les membres paraissaient avoir foi encore dans la possibilité d'une transaction : on ne voulait sur-tout prendre aucun parti avant que la cour n'eût fait connaître ses intentions. Au moment où le peuple était mitraillé par ordre du monarque et de ses ministres, on parlait encore de ne pas sortir du cercle de la légalité; comme si dans ces violens orages qui bouleversent une nation, le salut public n'était pas la loi suprême. MM Mauguin, Bérard, Puyraveau, de Schonen, Lafayette, il est juste de le dire, ne se laissaient point abattre par la

9

peur de compromettre leurs têtes. Au surplus, ils étaient trop avancés pour reculer. Depuis le 27 ils se trouvaient placés invinciblement entre l'échafaud et la victoire. Ils demandaient donc la constitution d'un gouvernement provisoire. On discuta long-temps sans résultat, et l'on se sépara avec promesse de se réunir de nouveau à huit heures chez M. Audry de Puyraveau.

A neuf heures la réunion se forme. Elle est peu nombreuse. Les députés présents sont MM. Lafitte qui préside l'assemblée, Mauguin, Bavoux, Gallot, de Puyraveau, Gérard, Guizot, Sébastiani, Méchin, Chardel, Bérard, Lafayette, Delaborde et Béranger. Dans cette séance, M. Delaborde annonce franchement l'intention de se mettre à la tête d'une légion de garde nationale dont il avait été le colonel avant le licenciement. Cette proposition courageuse et décisive sonne mal aux oreilles de quelques-uns des députés qui croient devoir toujours rester dans le cercle étroit de la légalité. Pour eux le seul devoir qu'ils conçoivent, c'est de continuer les conférences entamées avec la cour : trop de zèle serait de l'anarchie. Les députés, en rendant le duc de Raguse responsable du sang qu'il fera verser, ont selon eux rempli leurs mandats. Vainement M. Bavoux fait-il une proposition tendante à organiser une commission qui remplace l'autorité dont l'exercice est au moins suspendu. Cette proposition, appuyée par M. Mauguin et autres, n'est cependant point accueillie. Les partisans de la légalité sont en nombre, et cela ne doit pas étonner. Toute assemblée délibérante est nulle, si même elle n'est point un obstacle, quand il s'agit de prendre un parti violent. On se sépare encore une fois sans avoir rien résolu. De toutes ces réunions il ne sort qu'une pensée triste : c'est que si la France avait été livrée à sa représentation, elle aurait gémi long-temps sous le régime des ordonnances. Charles X et ses ministres n'ont pas vu le danger là où il était; ils ont eu peur de la chambre des députés, chambre sans conscience politique et sans énergie, qui n'aurait opposé qu'une faible résistance, et ils se sont joué du peuple qui seul avait l'intention et le courage de les combattre et de les vaincre. Cette erreur a entraîné la chute de la monarchie.

Le peuple, dès le premier jour de la révolution, avait compté sur ses députés pour lui donner des chefs. Trompé dans ses espérances, il en avait choisi lui-même. Des généraux de vingt ans s'étaient montrés aussi braves, sinon aussi expérimentés, que les généraux sortis de la grande armée. Il commençait donc à s'intéresser fort peu aux délibérations des députés, et pendant que ceux-ci négociaient, il tranchait la question dans les rues, sur les places publiques. En quittant la demeure de M. de Puyraveau, où tant d'heures s'étaient inutilement écoulées, les députés purent entendre les derniers coups de feu de cette grande journée, dans laquelle le peuple avait signé de son sang l'expulsion des Bourbons.

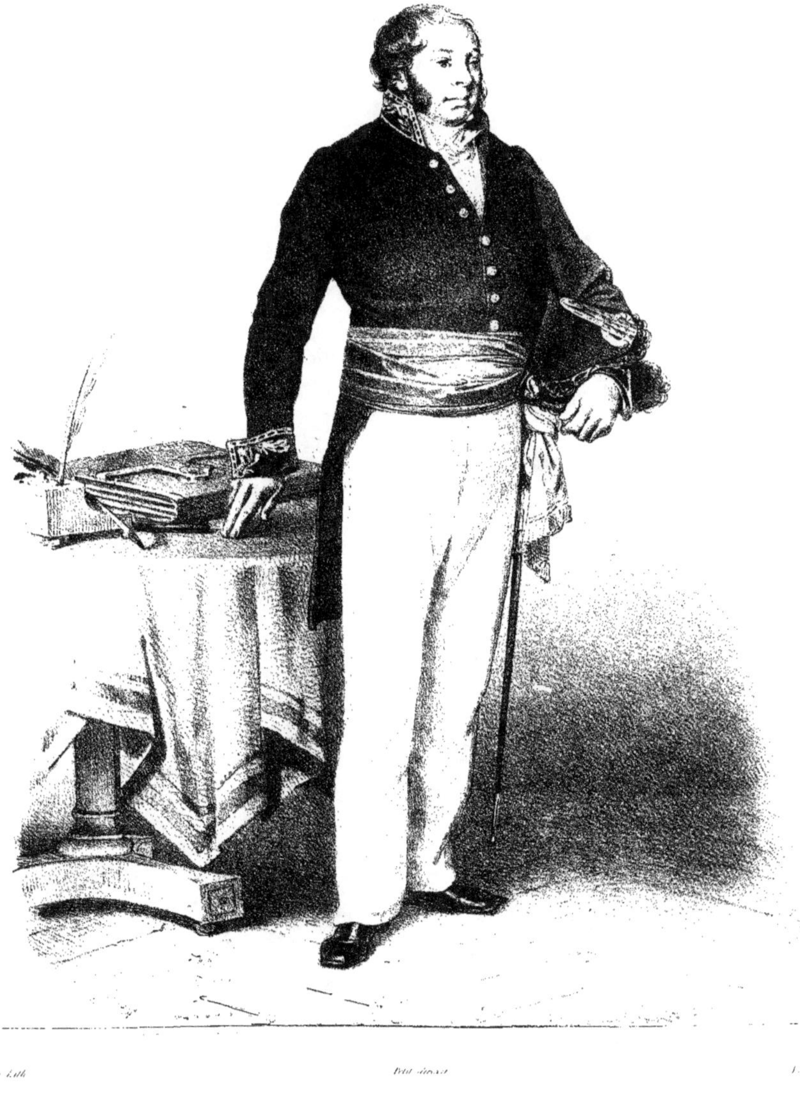

Mr. DE SCHONEN (Député)

Membre du Gouvernement provisoire, Procureur Général de la Cour des Co...

Un des commissaires chargés de conduire l'Ex. Roi à Cherbourg

La nuit avait fait cesser le combat, et déjà les larmes succédaient à l'enivrement des batailles. De nombreuses victimes avaient été immolées, les hôpitaux étaient encombrés. Des citoyens généreux ouvraient leurs maisons aux blessés; ailleurs on établissait des ambulances. Spectacle désolant et sublime ! ces citoyens mutilés ne pleuraient pas sur eux-mêmes, leurs pensées se reportaient sur le pays, et ils se réjouissaient dans l'espérance que le lendemain amènerait avec lui une victoire décisive; il y a loin de là aux délibérations froides et mesurées des députés de la France.

Les espérances de ces hommes de cœur commençaient à se réaliser. Les ministres et le duc de Raguse ne se faisaient plus illusion sur les résultats de la journée. Réunis aux Tuileries comme dans une forteresse, ils avaient connu, par les rapports faits au général, tout ce qui se passait. L'ordre parti de l'état-major de faire replier les troupes sur les Champs-Élysées n'était point l'effet d'une combinaison stratégique nouvelle, il avait été dicté par la nécessité ; on sentait que le lendemain il ne serait plus possible aux troupes de manœuvrer dans Paris.

Jusqu'alors la cour, abusée sur sa position, s'était livrée à des occupations puériles. Le roi avait résisté à toutes les prières; il croyait que les forces placées sous le commandement du duc de Raguse étaient suffisantes et au-delà pour mettre le peuple à la raison; mais enfin il fallait céder à la vérité. Toutefois les plans de guerre n'étaient point encore abandonnés, et l'on se retranchait dans cette maxime : Force doit rester à l'autorité. En conséquence, ordre avait été envoyé aux garnisons de Fontainebleau, de Rambouillet, de se porter en toute hâte sur Paris. Pareils ordres avaient été expédiés au camp de Saint-Omer ; mais il était trop tard. L'esprit de révolte commençait à pénétrer dans les bataillons qui servaient sous la bannière royale. Soit amour pour la liberté, soit horreur pour la guerre civile, les soldats et les officiers manifestaient hautement l'intention de briser leurs armes plutôt que de continuer la guerre sacrilége que Charles X avait déclarée. L'histoire doit conserver la lettre écrite au ministre de la guerre par le comte Raoul de la Tour-du-Pin.

« Monseigneur,

» Après une journée de massacres et de désastres, entreprise contre toutes les lois divines
» et humaines, et à laquelle je n'ai pris part que par un respect humain que je me reproche,
» ma conscience me défend impérieusement de servir un moment de plus.

» J'ai donné dans ma vie d'assez nombreuses preuves de mon dévouement au roi, pour qu'il
» me soit permis, sans que mes intentions puissent être calomniées, de distinguer ce qui émane
» de lui, des atrocités commises en son nom.

» J'ai donc l'honneur de vous prier, monseigneur, de mettre sous les yeux de Sa Majesté
» ma démission de capitaine de sa garde.

  » J'ai l'honneur d'être,

   » Monseigneur,

    » de Votre Excellence,

     le très humble et très obéissant serviteur.

      Signé: Comte Raoul de la Tour-du-Pin. »

Cette lettre peut être placée à côté de celle du vicomte d'Orth, commandant de Bayonne sous Charles IX. Ce roi, d'exécrable mémoire, avait aussi ordonné le massacre de ses sujets.

« Sire, lui écrivit le vicomte, j'ai communiqué aux officiers et soldats, commandant la gar-
» nison de Bayonne, les ordres qui m'ont été transmis; j'ai trouvé en eux de fidèles et dévoués
» sujets de Votre Majesté, et pas un bourreau. Nous vous supplions, Sire, de vouloir bien
» employer nos bras et nos vies en choses possibles; nous y consacrerons jusqu'à la dernière
» goutte de notre sang. »

Ainsi, tandis que les citoyens vainqueurs, confiants dans leur force, se réunis-
saient pleins d'enthousiasme sous le drapeau de la liberté, un principe de désorga-
nisation pénétrait dans l'armée royale. Au premier exemple de désertion il était
probable que toute cette belle armée se dissiperait. Les soldats qui restaient fidèles
étaient découragés, abattus de fatigue; ils demandaient en vain de la nourriture,
les vivres manquaient. Le général avait calculé sur une résistance de quelques
heures, mais l'ardeur des citoyens au combat avait dépassé toutes les prévisions.
Les soldats furent donc obligés de se résigner et de bivouaquer, presque à jeun,
sur la place Louis XV et dans les Champs-Elysées.

Le champ de bataille resta sur tous les points aux patriotes. A minuit la bannière royale ne flottait plus que sur le Louvre, les Tuileries, le Palais-Royal et
quelques casernes contre lesquelles il n'y avait pas eu d'attaque sérieuse. Comme
on le voit, le résultat de la journée était immense, et le peuple, sans trop s'étour-
dir sur le danger du lendemain, pouvait chanter victoire. Mais ce qu'il faut apprécier sur-tout, c'est l'influence morale que cette journée devait exercer sur
toute la population parisienne.

Dans les premiers moments du combat, les raisonneurs, ceux qui se règlent
bien moins sur le présent que sur l'avenir, s'étaient abstenus. Ils voyaient devant
eux l'échafaud si Charles X était vainqueur, et cette vue les effrayait bien plus
encore que le feu des bataillons royaux. Mais tant d'existences étaient désormais
engagées, le triomphe du peuple avait été si éclatant, que les hommes prudents

Lapothveau et Lehnert del.

Petit direxit.

L. de Lenard et Rihebois ainé

29 Juillet 1830.

PRISE DE LA CASERNE DES SUISSES

Rue de Babylone par les Citoyens et les Élèves des Écoles.

dégagés de leur première terreur, n'hésitèrent plus à se jeter dans l'action. Ainsi de nouveaux auxiliaires, des troupes fraiches et ardentes se préparaient pour le lendemain. D'un autre côté, le succès doublait les forces du guerrier qui avait combattu et donnait du cœur aux plus timides. Voilà quelles étaient les forces qui, le jeudi, devaient se précipiter sur une armée découragée, fatiguée, affamée et qui se battait contre des idées pour lesquelles elle éprouvait une vive sympathie.

Le jeudi 29, dès le matin, des coups de feu se firent entendre. Toute la population était sur pied; la nuit avait été agitée. Les héros des premières journées songeaient à de nouveaux combats; et de vives inquiétudes tourmentaient et déchiraient le cœur des chefs de famille. Il était à craindre, en effet, que la cour ne fît une guerre longue et sanglante, et, sans trop y réfléchir, le souvenir des siéges de Paris à différentes époques de l'histoire, traversait la pensée et y jetait une tristesse profonde.

Les troupes royales, battues la veille sur plusieurs points, occupaient encore des postes importants, le Louvre, les Tuileries, le Palais-Royal et lieux voisins, quelques casernes, entre autres la caserne de Babylone. Or, il y avait deux partis à prendre : ou bien on pouvait s'arrêter à entourer ces postes de manière à couper toutes communications avec Saint-Cloud, ou bien ou pouvait donner l'assaut. L'intrépidité française préféra ce dernier parti. Les lenteurs, l'inaction, des demi-mesures auraient pesé à ces hommes qui s'étaient jetés avec tant d'enthousiasme et de spontanéité dans la destruction du passé.

Le centre de résistance de la royauté était le Louvre et les Tuileries; c'est sur ces monuments qu'au nom de la liberté les Parisiens se précipitent en foule. Encore quelques instants et la colonnade, ce chef-d'œuvre d'architecture dont s'enorgueillissait le siècle de Louis XIV, va voir rajeunir son antique renommée, et la postérité pourra inscrire sur son fronton : *Monument des Arts et de la Liberté.*

Les faubourgs se rassemblent et prennent des points de ralliement : sur leurs pas, et même avant eux, la ville tout entière s'ébranle. Point de chefs encore, si ce n'est des hommes obscurs qui n'ont que du courage. Mais le courage supplée à la science stratégique, et par instinct tous ces citoyens, paisibles il y a trois jours, se dirigent sur les différents postes occupés par l'ennemi, pour que l'attaque commence en même temps partout. De fait, ses forces sont divisées, il faut donc les occuper, pour empêcher toute espèce de réunion.

Au même moment, des combats ardents, acharnés s'engagent à la caserne de Babylone, occupée par les Suisses, au Louvre, dans la rue Saint-Honoré, à la Salpétrière, etc. La caserne de Babylone est vivement défendue; le terrain est disputé pied à pied; des décharges meurtrières portent la mort dans les rangs des patriotes, ils meurent, mais ils sont descendants de cette vieille garde qui ne recula jamais. Les portes de la caserne sont fortes et solides. A défaut de canons pour les enfoncer, on se procure des bottes de paille auxquelles on met le feu; c'est à travers les flammes que les assaillants prennent possession de leur conquête. Cette conquête leur a coûté cher, un de ces jeunes hommes sortis de l'école polytechnique, M. Vanneau, et qui ont débuté par l'héroïsme, est mort frappé d'une balle, à la tête des guerriers qu'il commandait. Son dernier regard n'a pas vu fuir l'ennemi, mais son cœur, d'avance avait pressenti la victoire. Ses camarades l'ont vengé, et au retour de l'ordre, ses amis, redevenus élèves et soldats après avoir été généraux, ont déposé sur sa tombe les récompenses nationales qu'ils avaient eux-mêmes méritées.

Cependant, les patriotes étaient assemblés autour du Louvre et faisaient des tentatives contre les trois portes qui regardent le Pont-des-Arts, la rue du Coq et l'église Saint-Germain-l'Auxerrois. Tout annonçait qu'une attaque sérieuse aurait lieu de ce dernier côté. Aussi les Suisses, retranchés dans le Louvre, avaient-ils porté sur ce point leurs forces principales; seulement ils avaient laissé aux deux autres portes quelques gardes pour répondre aux escarmouches du dehors. Tout l'avantage de la position leur restait, ils étaient dans une espèce de château fort; cachés derrière les colonnes ou dans les appartements, ils pouvaient diriger, presque sans être aperçus, un feu continuel sur les assaillants. Ceux-ci, au contraire, se présentaient à découvert sur une place qui ne leur offrait aucun abri; mais ils n'étaient à la solde de personne, et l'homme qui combat pour lui-même ne s'inquiète guère s'il a ou non un bouclier.

Quelques heures se passèrent en fusillade inutile. Or, le succès devait être rapide, ou il échappait; les patriotes le sentirent. Marcher l'arme au bras sur la porte du Louvre, la briser, c'était le seul moyen d'en finir sans doute; mais ce moyen était terrible, car il livrait à une mort certaine les audacieux qui oseraient marcher au premier rang. Qu'importe! cela était possible, cela fut. Une première colonne se précipite, elle reçoit le feu des assiégés, les rangs s'éclaircissent; mais aussitôt d'autres combattants s'élancent : les Suisses, à la vue d'une résolution si énergique et si sublime, sont frappés de terreur; à peine songent-ils encore à se défendre, ils ne combattent plus, ils pensent à la retraite. La grille du Louvre est enfoncée, les citoyens se jettent sur les pas des ennemis qu'ils viennent de vaincre. Ceux-ci fuient dans la cour, dans les galeries et même par le quai; et tous ceux qui parviennent à échapper vont porter à la réserve du duc de Raguse la nouvelle de la prise du Louvre.

Le Louvre est pris! cette bonne nouvelle retentit dans tous les quartiers envi-

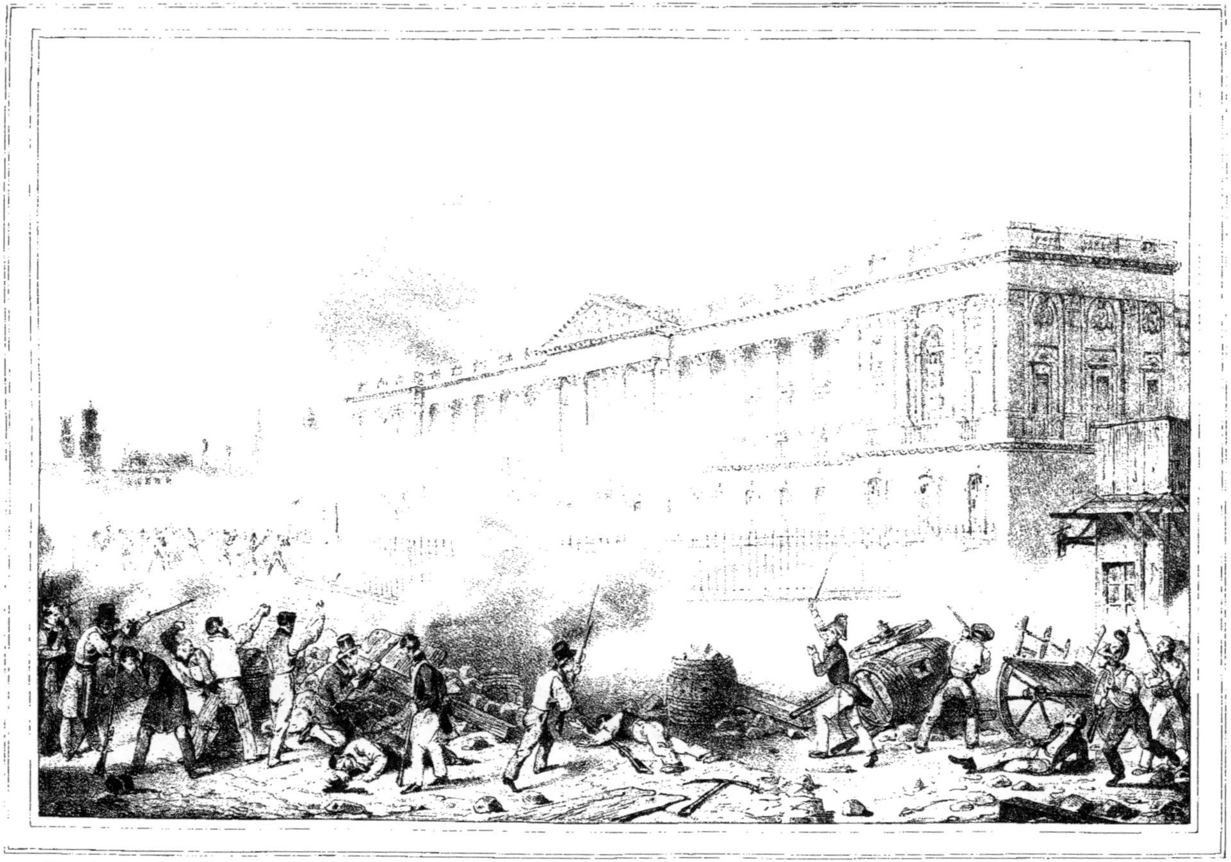

Blau Lith. *Petit dir.*

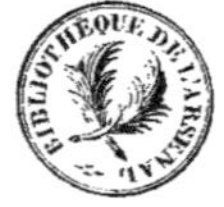

29 Juillet 1830

ATTAQUE ET PRISE DU LOUVRE

Vue prise au coin de la rue des Poulies

ronnants, et en un instant elle a traversé Paris et les faubourgs. Il y a de la joie, de la folie sur le visage de tous ces hommes qui crient en courant sur les quais : *Le Louvre est pris!* Tous n'ont pas combattu, mais les lauriers de quelques-uns semblent ombrager les fronts de tous, tant il y a de sympathie entre ceux qui combattent et ceux que des raisons majeures condamnent à l'inaction.

Nous avons dit que le Louvre avait été attaqué par la colonnade et la rue du Coq. Les deux portes ont été brisées presque en même temps, en sorte qu'il serait difficile de dire lesquels des assaillants ont été assez heureux pour pénétrer les premiers dans la place. L'histoire, devant des faits obscurs ou douteux, doit garder le silence. Qu'importe, au reste! la gloire de Paris reste la même; car le triomphe n'est pas contesté, et les amours-propres individuels doivent compter pour bien peu de chose dans le récit d'un si grand fait.

Le premier soin des citoyens fut de protéger les vaincus. Le respect aux arts avait à peine besoin d'être recommandé; le désintéressement, la haute probité du peuple de Paris ont, dans ces belles journées, égalé son héroïsme. Bientôt, aussi, le drapeau national flotta sur le haut de la colonnade. Ce drapeau, on lui avait voué une espèce de culte, et c'était à qui aurait la gloire de l'inaugurer. Pendant le combat, devant Saint-Germain-l'Auxerrois, de jeunes enfants s'étaient glissés dans une machine employée, en architecture, pour précipiter, du haut d'un édifice, la poussière et les débris. Ils voulaient, eux aussi, être les premiers à arborer, sur un palais royal, le signe tricolore. Mais leur ruse avait été découverte, les fusils des Suisses s'étaient abaissés sur eux, et à grand'peine ils avaient pu sauver leur vie.

Après avoir parcouru les vastes appartements du Louvre et bien assuré leur conquête, les patriotes songèrent à profiter de leur victoire et à se jeter sur les Tuileries au moment même où la fuite des Suisses, gardiens du Louvre, viendrait y répandre la consternation et la terreur. En effet, une demi-heure ne s'est pas écoulée encore, et déjà en bataille, ou plutôt en désordre, ils se dirigent sur la place du Carrousel. La garde royale était là rangée, les officiers en tête. Forcée de céder dans la rue Saint-Honoré, elle s'est repliée; en sorte que le duc de Raguse a devant lui toutes ses forces réunies. La place est grande, les manœuvres sont possibles et faciles, il y a du courage de part et d'autre, car sous les haillons comme sous l'uniforme, battent des cœurs français : pour la première fois peut-être le peuple et la cour sont vraiment en présence. La bataille sera sanglante, mais elle sera décisive. La force populaire va se heurter contre la force royale; l'une des deux sera brisée.

Les patriotes, soit qu'ils n'aperçoivent pas le danger, soit qu'ils le méprisent, *ne* s'arrêtent point pour calculer les forces de l'ennemi, ou déterminer le point d'attaque qui pourrait leur être le plus avantageux. Ils débouchent tous à la fois par la rue de Rohan, le quai et la porte du Louvre qui regarde les Tuileries, et s'élancent en criant sur leurs adversaires; à d'effroyables cris se mêlent des détonnations. La garde royale épouvantée se replie dans les cours intérieures. Après une faible résistance, elle se jette dans les jardins et regagne en toute hâte les Champs-Élysées où elle trouve encore de nouveaux ennemis, car la banlieue aussi s'est agitée; des citoyens intrépides ont organisé la révolte : en sorte que ces soldats, plus malheureux que coupables, car ils obéissent passivement aux créatures de Charles X, se trouvent chassés en tous lieux, comme des bêtes féroces, par leurs concitoyens !

Cependant les vainqueurs de Babylone, après avoir emporté la caserne et y avoir mis garnison, s'étaient dirigés aussi sur les Tuileries. Arrivés au Pont-Royal, ils eurent un nouveau combat à soutenir contre la garde royale qui tirait sur le pont, des fenêtres du château. Plusieurs fois quelques-uns des plus intrépides s'avancèrent le drapeau à la main jusqu'au milieu du pont, espérant ainsi entraîner la masse et emporter d'assaut cette aile du palais; plusieurs fois ils furent repoussés par un feu nourri et meurtrier. Un incident faillit jeter même le trouble parmi ces braves hommes. La caserne des gardes-du-corps était encore occupée par des gardes en petit nombre. Ceux-ci, gens de cœur, ne voulurent pas fuir sans avoir au moins combattu pour la légitimité. Ils firent donc une sortie, en sorte que les assaillants du Pont-Royal se trouvèrent pris entre deux feux. Toutefois ils ne s'en effrayèrent point. Une petite troupe se détacha, courut sur les gardes-du-corps, et la caserne fut aussitôt enlevée. Dans le même moment, les patriotes triomphaient sur le Carrousel, pénétraient dans les appartements du château et délogeaient les gardes royaux qui avaient fait, en face du pont, une si vigoureuse résistance. Il y eut même un instant de confusion qui devint funeste à quelques-uns. Les assiégeants qui soutenaient le feu sur le pont, ignorant encore ce qui se passait, continuaient à tirer sur le château. Leurs coups portaient non pas sur l'ennemi, mais sur les guerriers amis. Cette confusion ne dura pas long-temps, les cris de joie et sur-tout le costume des nouveaux assiégés fit bientôt voir que les Tuileries n'appartenaient plus à Charles X. Il ne devait plus y rentrer !

Après s'être emparés du château, quelques patriotes ardents voulaient pousser plus loin. Une colonne s'avança même jusqu'à la place Louis XV (*de la Révolution* ou *de la Concorde*), mais elles rentrèrent au jardin. Le plus grand nombre était resté; la place du Carrousel était envahie et par les combattants et par les curieux qui commençaient à affluer de toutes parts. La campagne était terminée; les

29 Juillet 1830.

PRISE DES TUILERIES.

vainqueurs prirent possession du palais. Aux scènes militaires succédèrent des scènes d'intérieur qui doivent trouver place ici.

Aussitôt après la fuite de la garde royale, la foule s'était répandue dans les appartements. Soit ivresse du succès, soit préoccupation hostile et dans le désir de pourchasser un ennemi qui se serait retiré dans quelque coin obscur, tous ceux qui avaient combattu depuis le matin, parcouraient les salons avec une rapidité qui tenait de la folie. Ce délire ne dura qu'un instant. Le danger avait disparu, la fatigue commençait à se faire sentir et partant le besoin de repos. Il faisait beau voir alors ces hommes, les bras nus, couverts de sueur et de poussière, noircis par la fumée, et quelques-uns tachés de sang, se jeter sur des sophas brillants d'or, contempler dans les glaces dont les murs étaient tapissés leurs traits à peine reconnaissables, et puis parodier, assis sur le trône, les audiences solennelles de la royauté. Le peuple était alors vraiment roi : mais, paré de sa force, il déchirait avec mépris les insignes superbes d'une dynastie parjure. Un élève de l'école Polytechnique, mort en se battant devant le palais, est porté dans la salle du trône, et déposé avec respect sur le trône lui-même. C'est un bel hommage rendu à la bravoure qu'il a montrée. Malheureusement quelques scènes de désordre se mêlent à des épisodes grotesques. Ainsi le peuple pénètre dans la chapelle, il brise l'orgue, et commet d'autres dégâts encore. Dans la salle des Maréchaux, le portrait en pied de Raguse est déchiré en morceaux ; le beau portrait de Charles X, le tableau du sacre, ouvrages magnifiques du peintre Gérard, éprouvent le même sort. Les bibliothèques particulières du roi, du duc d'Angoulême, sont dévastées ; les papiers en lambeaux sont jetés au vent ; les robes des princesses et des dames d'honneur, coupées à coups de sabre, servent à faire des cocardes tricolores. On descend dans les caves, et les vins fins de toute espèce sont distribués et emportés. Quelques hommes menaçaient même d'un pillage plus sérieux ; mais la masse fait une police sévère : tous les objets les plus précieux sont respectés.

Ce même respect des choses que le peuple a montré dans le palais du roi, il le montre aussi dans le palais de l'archevêque. L'argenterie, le linge sont déposés à l'Hôtel-Dieu. Seulement il a brisé quelques meubles de luxe. Cette dévastation de l'archevêché s'explique au reste. Le bruit avait couru que les prêtres, faisant de ce palais une espèce de citadelle, s'étaient empressés, dès les premiers jours de la révolte, d'y recueillir des munitions en assez grande quantité. On disait même qu'il s'y trouvait des poignards cachés. Or, le peuple ne raisonne point ; il soupçonne et il frappe. Ainsi il avait pris au sérieux cette attitude hostile que la malignité seule avait prêté à des ministres de paix. De là sa colère et ses excès. On peut croire qu'aussitôt après leur conquête, les vainqueurs ont visité avec soin les parties les plus cachées du palais; or, il faut dire ici que les soupçons jetés par la haine de quelques hommes ne se sont jamais vérifiés.

Pendant que ces choses se passaient, la fusillade continuait toujours sur quelques points, notamment auprès du Théâtre-Français. Les gardes royaux, retranchés dans les maisons, s'y défendaient avec opiniâtreté. Ailleurs un spectacle touchant frappait les regards : l'attaque du Louvre avait été terrible pour les assaillants. Le soleil ardent de juillet lançait sur la terre des feux étouffants; il était donc urgent d'enterrer les morts. Une fosse énorme fut creusée par ces mêmes hommes qui, quelques heures auparavant, combattaient. Un prêtre de Saint-Germain-l'Auxerrois, M. Paravey, vint alors, en habits sacerdotaux, bénir la terre qui recouvrait tant de nobles victimes. Ce grand tombeau est resté en face de la colonnade du Louvre. Il restera sans doute comme une haute leçon pour la postérité; et si quelque despote passait un jour devant ce monument, il ne lirait pas sans terreur cette inscription modeste : *Aux citoyens morts pour la patrie.* Cet acte religieux fit alors, au reste, une vive impression sur tous les esprits. Le noble dévouement de l'abbé Paravey devenait une sauve-garde pour le clergé, qui put éprouver alors que, si on le rend solidaire des sottises de quelques-uns de ses membres, on lui tient compte aussi des bonnes actions de quelques autres. Trois jours après, les prêtres, en effet, circulaient librement dans Paris, et le dimanche les offices furent célébrés comme à l'ordinaire. Cette tolérance pour le clergé est d'autant plus remarquable, que personne n'ignorait quel rôle les hauts personnages de cette classe avaient joué dans toutes les intrigues de cour, et combien, à l'aide de la religion, devenue dans leur bouche un moyen politique, ils avaient abusé de la crédulité du roi. Ces grands coupables se sont fait justice en quittant la France; ils ont compris qu'ils étaient de trop dans un pays qu'ils avaient voulu asservir. C'est au moins du bon sens dont on doit leur savoir gré.

Un dernier combat restait à soutenir; des bataillons royaux s'étaient retirés dans le Palais-Royal. Toute la journée ils avaient tiré sans pitié, même sur des hommes sans défense. C'était le seul point de Paris qui fût encore occupé par l'ennemi. Pour le déloger il ne fallait qu'un effort. Cet effort fut tenté. Les patriotes donnèrent l'assaut. Repoussés d'abord, ils revinrent à la charge. A cinq heures ils avaient emporté la place et terminé par ce fait glorieux la plus belle des trois journées; journées dont l'histoire se plaît à retracer les actions héroïques, mais dont elle ne doit pas énumérer avec trop de complaisance les actions atroces. Dans les guerres étrangères, le soldat se fait tout à la fois remarquer et par son courage et par sa magnanimité; il se montre sous un autre aspect, sous un aspect moins honorable, il faut le dire, dans les discordes civiles : c'est qu'il en est des

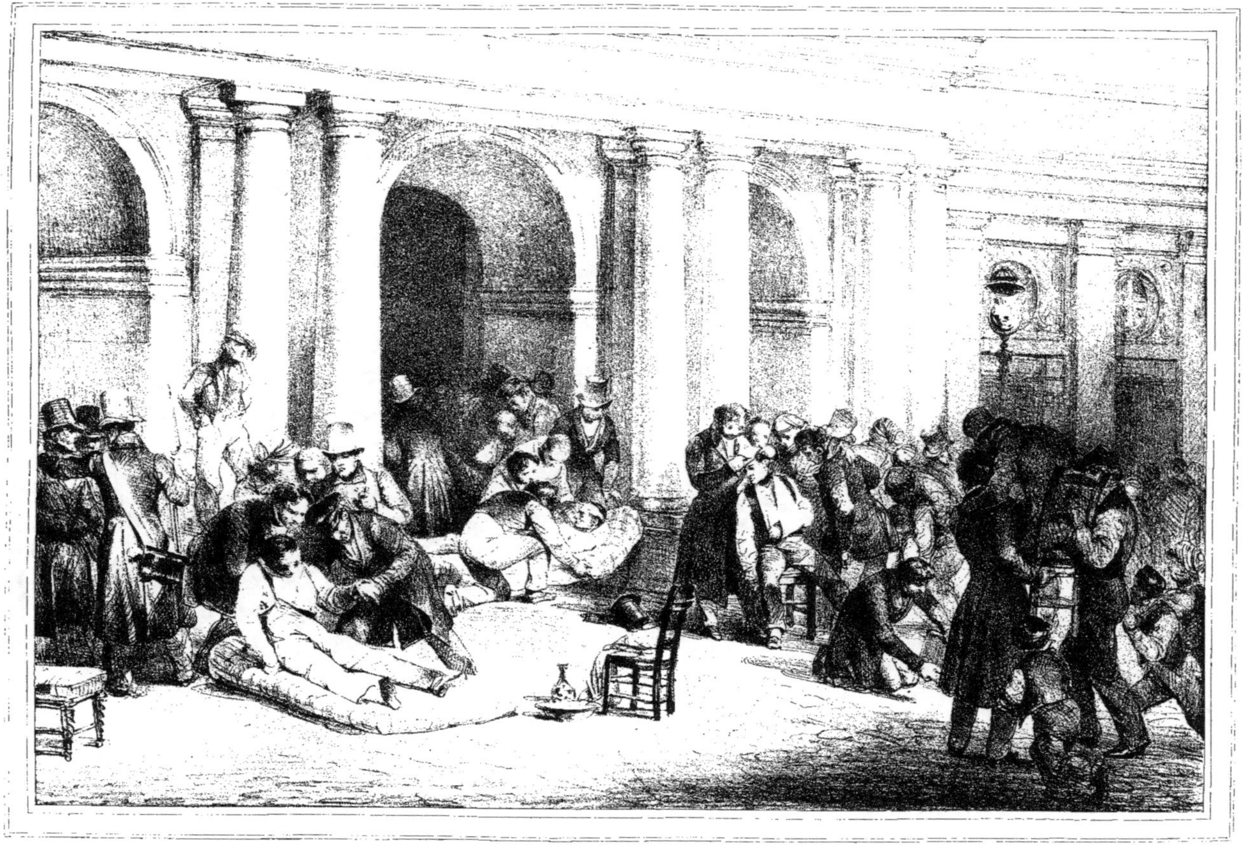

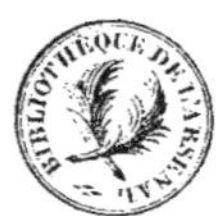

Eugène Lamy Lith

Petit direxit

29 Juillet 1830.

AMBULANCE DES BLESSÉS.

Cour du Palais Royal

nations comme des familles; les haines y sont moins longues peut-être, mais elles y sont plus fortes. Il y a fureur ou amitié.

Il était cinq heures lorsque les gardes royaux cédèrent le Palais-Royal, vaincus moins par la force que par le défaut de munitions. Plusieurs s'enfuirent, la plupart moururent misérablement. Des actes de barbarie appelaient des représailles barbares. Dans l'effervescence de l'action, ces représailles eurent lieu. Les fuyards allèrent rejoindre le gros de l'armée royale qui, ainsi que nous l'avons dit déjà, s'était dirigé sur Saint-Cloud en passant par les Champs-Elysées. La bataille était définitivement perdue, le duc de Raguse ne pouvait en douter; et s'il n'avait pas tenté de nouveaux efforts, c'est qu'en général expérimenté il les avait crus inutiles. Il se résolut donc à opérer sa retraite, dans l'espérance peut-être qu'il serait suivi, et qu'il pourrait en plaine reprendre son avantage. Du moins il ne pensait pas que les événements qui vont se succéder dussent marcher si vite, et dans ce cas la guerre n'était point encore terminée, et elle offrait même des chances probables de succès. Mais ces espérances qui étaient aussi celles de Charles X et des archevêques composant son conseil privé et secret, étaient vaines, et tous ces hommes étaient destinés à faire la rude expérience du danger qu'il y a à mépriser l'opinion publique et à s'en séparer.

L'arrivée du duc de Raguse à Saint-Cloud avec les tristes nouvelles qu'il apportait fut un coup de foudre pour la cour. Le duc d'Angoulême était alors sur la place en tête de la garde royale. Au récit du duc, il se mit dans une fureur violente, l'appela traître et menaça de le frapper. Sur un mouvement que fit Raguse, le prince lui ordonna de rendre son épée; le maréchal obéit. On dit qu'alors le duc d'Angoulême fut tenté de marcher en personne sur Paris révolté; mais, peu confiants dans le talent du vainqueur d'Espagne, ou plutôt sympathisant déjà avec les héros parisiens, les gardes accueillirent mal la proposition qui leur fut faite, et le prince sentit alors qu'il s'était trop emporté en se fâchant contre le duc de Raguse.

Le roi eut connaissance de la scène qui venait de se passer. Cette scène, fondée ou non, était maladroite; en conséquence il intervint. Le prince reconnut qu'il avait eu tort, et tout parut oublié, si toutefois quelque chose s'oublie dans les cours. La politique pardonne; mais le moment critique une fois passé, les actions les plus innocentes sont de nouveau examinées et jugées, et malheur à celui qui a commis une faute involontaire ou n'a point sacrifié sa vie! Après la victoire gagnée, si tant de malheur avait dû peser sur la France, le duc de Raguse n'aurait pas obtenu probablement ces hautes faveurs pour lesquelles il avait consenti à soutenir des ordonnances que sa conscience d'homme désapprouvait.

et à défendre une famille parjure qui voulait donner à la France l'esclavage en échange de tous les bienfaits qu'elle en avait reçus.

Avant d'arriver aux faits civils, il est nécessaire de placer ici un fait important. Dans la matinée de ce jour, au plus fort de la fusillade, M. de Sémonville se présente aux Tuileries, où les ministres résidaient encore; il vient demander à leurs Excellences de faire cesser le massacre; il parle haut à M. de Polignac, qui, dans cette conversation où il s'agit de la vie de tant de citoyens, conserve un étonnant sang-froid. Le premier ministre ne veut rien prendre sur lui; il recule devant une mesure honorable, sublime même, si par suite elle était désavouée par le roi. Alors M. de Sémonville manifeste l'intention d'aller lui-même parler au roi. Après quelques pourparlers, il monte en voiture; M. de Peyronnet l'y excite; il part. Polignac le suit de près; ou plutôt à grande course de cheval il parvient à le devancer. Après un moment d'attente, M. de Sémonville est introduit; il ne dissimule rien, et prépare les propositions transactionnelles qui plus tard ont été faites.

La conduite de M. de Polignac dans cette circonstance est restée obscure. A-t-il voulu, en partant au même moment que M. de Sémonville, empêcher une bonne action, ou bien a-t-il désiré, au contraire, avertir le premier le roi, afin de s'associer au mérite de M. de Sémonville? La première déclaration du pair de France a été défavorable, la seconde a été douteuse. Ce que l'histoire a de mieux à faire dans pareille circonstance, c'est de citer le fait sans chercher à émettre une opinion qui pourrait être contraire à l'exacte vérité.

Maintenant occupons-nous des faits civils. La crise politique était affreuse. Tous les pouvoirs politiques se trouvaient brisés. Plus de magistrats, plus de police. Les citoyens, livrés à eux-mêmes, ne pouvaient plus espérer de salut dans leurs forces individuelles. Il était urgent cependant de créer un centre d'action, de faire surgir au milieu de ce cahos une unité telle quelle. Les journaux n'avaient pas paru, mais plusieurs feuilles étaient affichées. Elles donnaient quelques renseignements fort inexacts sur les mouvements militaires, sur les pertes de l'ennemi; ainsi elles publiaient, par exemple, le massacre du duc de Raguse : il n'en était rien; et cependant, ces nouvelles, quoique fausses, maintenaient les esprits. Mais le besoin d'un gouvernement se faisait avant tout sentir. Déjà plusieurs proclamations du général Dubourg et d'autres avaient été affichées; mais elles ne répondaient point aux désirs de la multitude. Dans la matinée du 29, une proclamation parut tout-à-coup; elle portait en tête : *Gouvernement provisoire.* On annonçait aux Parisiens que MM. Lafayette, Choiseul et Gérard venaient d'accepter le gouvernement, et que déjà ils étaient en fonctions. D'où était partie cette proclamation? quelle était son authenticité? Personne ne le savait, et cependant tout le monde l'acceptait

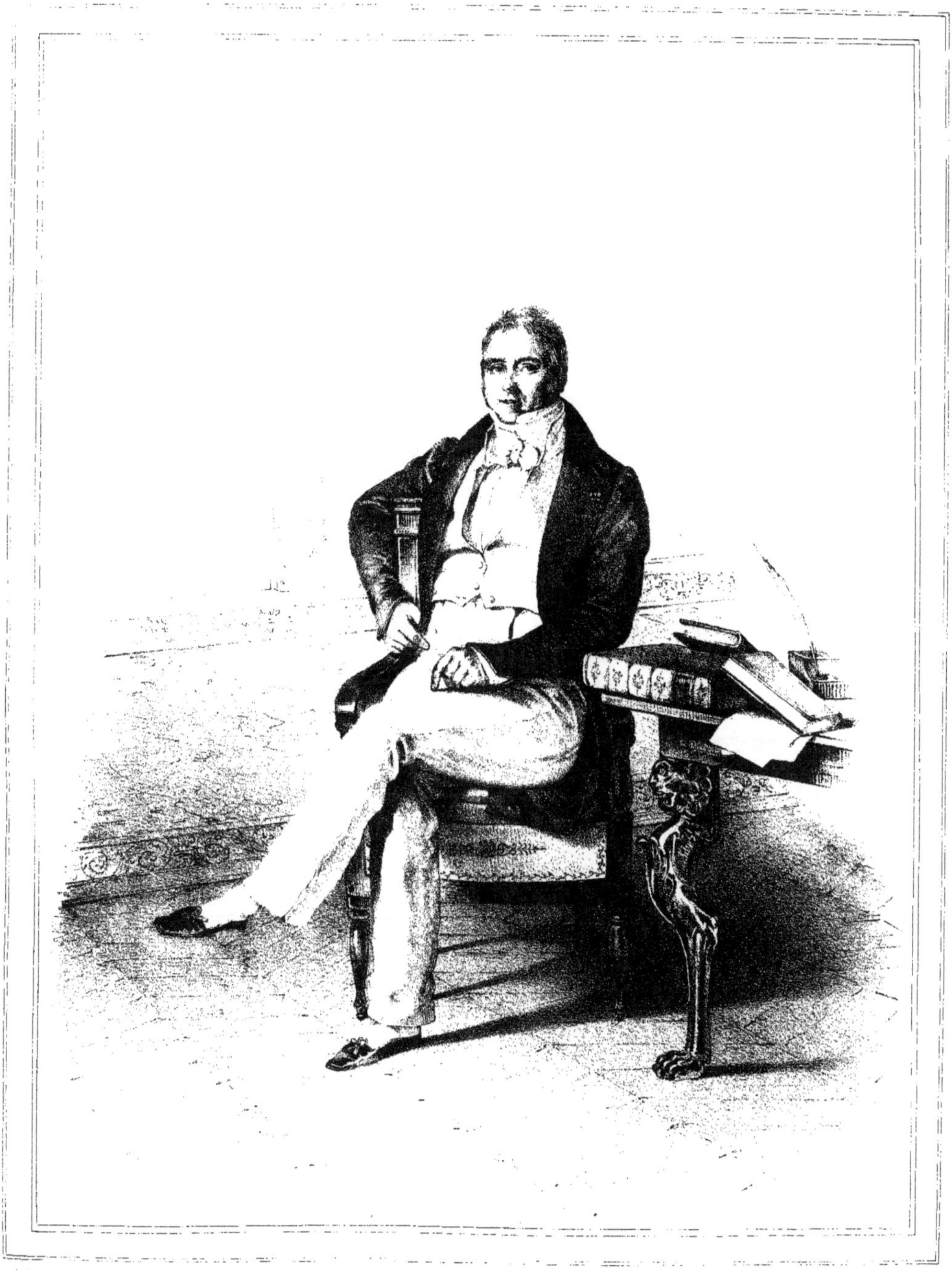

Julien L. Petit direxit Lith. de Delpech

27 28 et 29 Juillet 1830

M.r Jacques LAFFITTE,

Ancien Président du Conseil

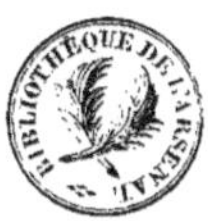

comme vérité, parce que cette vérité était nécessaire à tous. Bien mieux, cette affiche produisit un effet moral remarquable, en ce que chacun se crut à l'abri sous un pouvoir protecteur, qui s'entourait d'ailleurs de la plus grande popularité. Depuis, les faits se sont éclaircis et l'on a su que ces actes n'exprimaient rien autre chose qu'une heureuse idée de leur auteur, qui avait pensé que dans les jours de crise le mensonge a son utilité politique.

Tant que le danger a existé, aucun des membres signalés dans cette proclamation n'a réclamé; mais le danger passé, M. de Choiseul a publié la lettre suivante. Nous la conservons ici, parce que si elle prouve que son auteur n'a pas payé de sa personne, du moins il n'a pas fait comme tant d'autres qui, cachés dans les jours de danger, se sont présentés après le péril, et ont crié assez haut pour être entendus de ceux qui distribuent les places : qu'ils avaient sauvé la patrie.

LETTRE DU DUC DE CHOISEUL,

A MM. LES HABITANTS DE LA VILLE DE PARIS.

« Messieurs, une proclamation signée des généraux Lafayette, Gérard et duc de Choiseul, » sous le titre de membres du gouvernement provisoire, *et ayant accepté cette fonction*, fut » affichée le 28 juillet et jours suivants sur tous les murs de Paris.

» Le résultat était alors incertain; la lutte commençait, un danger imminent existait pour » les signataires dans le cas où l'armée royale eût triomphé : notre supplice eût suivi la » victoire.

» Mon nom avait sans doute paru utile; mon aveu ne me fut pas même demandé. Je n'étais » rien, je ne commandais rien; le seul péril était pour moi; je gardai le silence. J'aurais cru » être un lâche de dire la vérité puisqu'il ne s'agissait que de ma tête; et je me félicitai de ce » que la bienveillance dont la garde parisienne et mes concitoyens m'honorent, avait pu » paraître de quelque utilité.

» Maintenant que la victoire n'est plus incertaine, il est de ma conscience de déclarer que » jamais je n'ai fait partie du gouvernement provisoire, que jamais la proposition ne m'en fut » faite. J'ai accepté en silence tous les dangers à l'heure du combat, je dois hommage à la vérité » à l'heure de la victoire.

» LE DUC DE CHOISEUL,

» *Pair de France, ancien colonel de la* 1re *légion, et ex-major*
» *de la garde nationale parisienne.* »

Paris, ce 1er août 1830.

Cependant un gouvernement provisoire véritable commençait à s'organiser. Les réunions de députés avaient continué, et la majorité se prononçait toujours pour une transaction avec la cour. Tandis que le drapeau tricolore flottait sur tous les monuments, et même sur le pavillon des Tuileries, quelques hommes qui, pendant quinze années, avaient figuré dans les rangs de l'opposition, et dont on devait attendre non-seulement du courage, mais de la résolution, ne reculaient pas devant cette idée, qu'au moyen de concessions, le drapeau blanc pourrait reparaître; que les Bourbons pourraient régner encore sur Paris, dont les pavés étaient rougis du sang des citoyens. Bien des propositions leur avaient été faites par le peuple; mais le bâton de commandement, parti d'une telle source, leur convenait peu. Et, de fait, qu'avaient-ils à espérer d'une révolution? depuis long-temps ils jouissaient d'une belle position sociale; or, on ne hasarde pas en un jour la destinée d'une vie entière. Les révolutions s'exécutent par des hommes nouveaux: il y a toujours de l'égoïsme au fond des belles actions, et l'on ne doit compter sur un homme que lorsque son intérêt particulier se mêle aux efforts qu'il va tenter dans l'intérêt général.

La maison de M. Lafitte était le lieu habituel des réunions. A une heure environ, un cortége assez nombreux en sort. Dans ce cortége figurent Lafitte, Audry de Puyraveau, etc..., et, à la téte, Lafayette déjà désigné dans des proclamations comme général en chef, accompagné du colonel Carbonnel, du jeune Lasteyries son petit-fils, et de son état-major, composé d'anciens officiers et de citoyens dévoués. Un piquet de gardes nationaux sert d'escorte. Ce cortége traverse la rue d'Artois, le boulevard, la rue Richelieu, la rue Saint-Marc, la rue Montmartre, la Halle, la rue Saint-Denis, et il arrive ainsi, au milieu des acclamations publiques, jusqu'à l'Hôtel-de-Ville. Il s'y installe comme gouvernement provisoire, et désormais Lafayette va être le centre réel et actif de toutes les opérations. Le colonel Zimmer remplira les fonctions de chef de l'état-major général. Plusieurs commissaires particuliers sont installés. Peu à peu le personnel s'organise; mais ce n'est pas dans cette organisation que réside la vraie difficulté : il faut agir surtout; et pendant quelques heures les hommes appelés à gouverner provisoirement la France, restent immobiles et comme stupéfaits en présence de la haute mission qu'ils ont acceptée.

Avant l'arrivée du gouvernement provisoire, le général Dubourg s'était installé à l'Hôtel-de-Ville, et, assisté de M. Bonnelier, il avait rédigé des ordres du jour pour la conservation des monuments. En entrant, le général Lafayette le remercie, et après lui avoir demandé quelques renseignements sur ce qui a été fait, il lui offre le commandement d'une légion que déjà il lui avait fait offrir par un de ses aides-de-camp. « Enfant de la liberté, répond le général Dubourg, je n'ai pris » la place que j'occupe que parce que personne ne se présentait. Il y a un » gouvernement, je lui obéirai; je suis prêt à me retirer. »

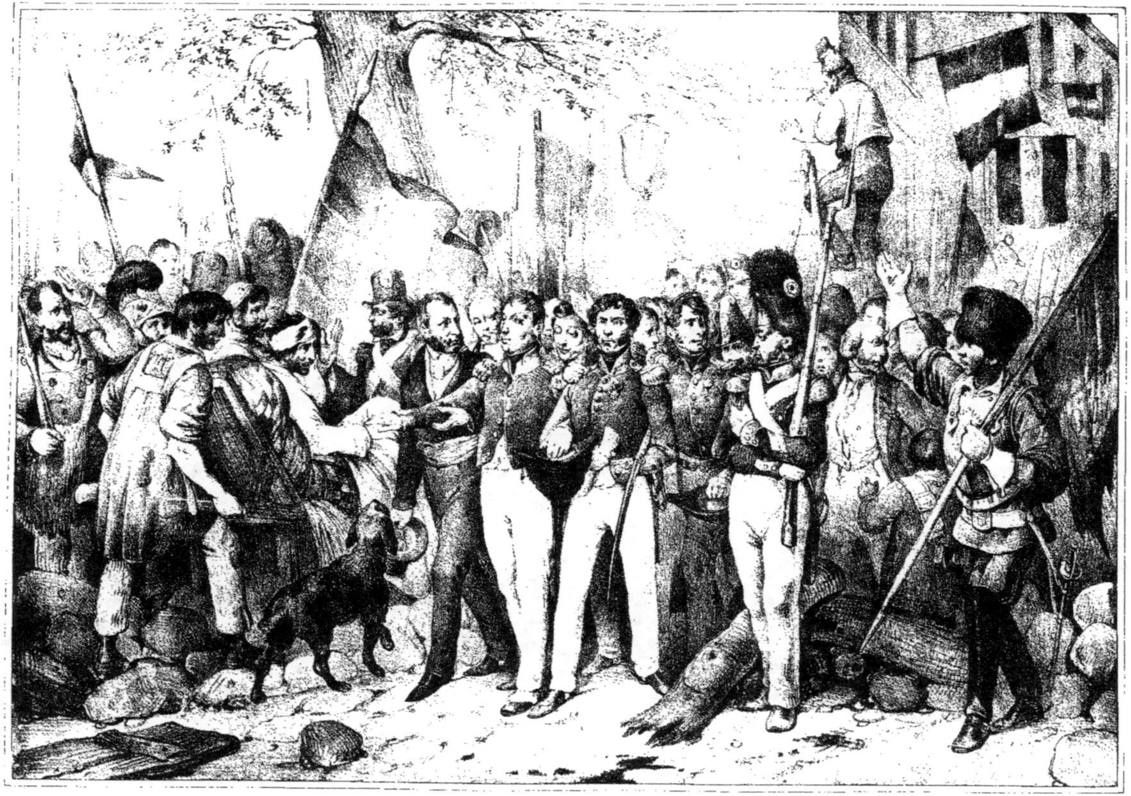

V. Adam Lith.

29 Juillet 1830.

LE Gal LAFAYETTE SE RENDANT A L'HÔTEL DE VILLE.

Accompagné de MM. Audry de Puyraveau, Carbonnel, Général Laffitte, de la Borde, Lasteyrie, Dumoulin, Béranger &c. &c.

Vers quatre heures, M. Mauguin, qui avait été désigné et même qui s'était offert pour être membre du gouvernement, arrive à l'Hôtel-de-Ville. Déjà plusieurs heures se sont écoulées, et rien n'est fait encore. On ne s'est pas emparé des positions les plus importantes : les postes, le télégraphe sont encore aux mains des hommes de Charles X; la police elle-même attend encore à sa tête un homme de la révolution. M. Mauguin est sur-tout remarquable dans l'action. Il stimule donc le gouvernement. Sur-le-champ M. Chardel est nommé à la direction des postes; M. Bavoux à la police, et M. Marschall reçoit l'ordre de s'emparer de l'administration des télégraphes. S'ils éprouvent de la résistance, ce qui ne peut se supposer, ils devront la vaincre à l'aide de la force.

Ces actes d'autorité une fois faits, il fallait aussi manifester à Paris, à toute la France, l'existence du gouvernement provisoire. Pour cela, il devenait nécessaire de rédiger des proclamations. La victoire venait à peine d'être gagnée, et déjà les partis s'agitaient pour en recueillir les fruits. La maison d'Orléans, les partisans de Napoléon II, la République prétendaient tous à l'héritage vacant de la branche aînée des Bourbons.

Ces discussions prématurées des partis rendaient plus difficile encore la marche du gouvernement provisoire, qui ne pouvait songer à organiser quand il lui était presqu'impossible d'asseoir sa propre autorité, et dans un moment sur-tout où l'on pouvait craindre de nouvelles tentatives de la part de la cour; il s'en affranchit donc, marcha selon ses propres inspirations, et fit bien.

Le gouvernement provisoire, ou plutôt la commission municipale, car c'est le véritable nom que doit lui conserver l'histoire, était au complet; elle se composait de Mauguin, Casimir Perrier, de Schonen, Lobau et Audry de Puyraveau. M. Laffitte en faisait originairement partie, mais il avait résigné ses fonctions, sans pour cela rester étranger aux affaires.

Lafayette, commandant en chef de la garde nationale, fit connaître à tout Paris sa mission par la proclamation suivante :

« Mes chers Concitoyens et braves Camarades,

» La confiance du peuple de Paris m'appelle encore une fois au commandement de sa force publique. J'ai accepté avec dévouement et avec joie les devoirs qui me sont confiés, et, de même qu'en 1789, je me sens fort de l'approbation de mes honorables collègues aujourd'hui réunis à Paris. Je ne ferai point de profession de foi : mes sentiments sont connus. La conduite de la population parisienne dans ces derniers jours d'épreuve, me rend plus que jamais fier d'être à sa tête. La liberté triomphera ou nous périrons ensemble.

» Vive la Liberté! Vive la Patrie!

» Lafayette. »

Le même jour parut l'ordonnance ou plutôt l'invitation que voici :

« La garde nationale parisienne est rétablie.

» MM. les colonels et officiers sont invités à réorganiser immédiatement le service de la garde nationale ; MM. les sous-officiers et gardes nationaux doivent être prêts à se réunir au premier coup de tambour.

» Provisoirement ils sont invités à se réunir chez les officiers et sous-officiers de leurs anciennes compagnies, et à se faire inscrire sur les contrôles.

» Il s'agit de faire régner le bon ordre ; et la commission municipale de la ville de Paris compte sur le zèle ordinaire de la garde nationale pour la liberté et l'ordre public.

» MM. les colonels ou, en leur absence, MM. les chefs de bataillons sont priés de se rendre de suite à l'Hôtel-de-Ville pour y conférer sur les premières mesures à prendre dans l'intérêt du service.

» Fait à l'Hôtel-de-Ville, le 29 juillet 1830. »

En même temps le général en chef se met en rapport avec les maires par cette autre proclamation.

ÉTAT-MAJOR DE LA GARDE NATIONALE.

« Le général Lafayette prévient MM. les maires et membres du comité municipal des divers arrondissements qu'il a accepté le commandement en chef de la garde nationale que lui avait déféré le vœu du public, et qui vient de lui être donné à l'unanimité par les députés réunis chez M. Lafitte.

» Il invite les maires ou comités de chaque arrondissement à envoyer un officier prendre les ordres du général à l'Hôtel-de-Ville, où il va se rendre et l'y attendre.

Après avoir nommé aux postes vacants, la commission municipale s'occupa aussi de circulaires aux municipalités, sur le mode de leur organisation ; ce point était important pour la police de la ville. Rien n'était plus facile en apparence que la rédaction de ces circulaires, et cependant elles donnèrent lieu à une foule de discussions futiles. Ainsi, par exemple, toutes les fois que M. Mauguin, en dictant, laissait échapper ces mots : *Gouvernement provisoire*, un membre ne manquait pas de lui rappeler qu'il fallait dire *Commission municipale*, tant quelques hommes avaient encore peur de se compromettre ! Dans leurs esprits calculateurs Charles X était toujours puissant.

29 Juillet 1830.

(Député)

Membre du Gouvernement Provisoire

A cinq heures du soir, MM. de Sémonville et d'Argout se présentent comme envoyés du roi. S. M. avait compris enfin qu'il n'y avait plus de salut pour elle que dans une prompte soumission. Pour sauver son trône elle était donc prête à tout concéder, même à prendre la cocarde tricolore, si à ce prix même une transaction eût été possible. MM. de Sémonville et d'Argout avaient amené Charles X à la révocation des ordonnances et même à la formation d'un ministère libéral, et ils venaient faire part du résultat de leurs prières au gouvernement provisoire. Leurs paroles furent reçues avec politesse, mais elles ne produisirent aucun effet. Au reste, ils avaient déjà pu s'en convaincre en voyant sur tous les visages une haine profonde, et partout les statues de la royauté mutilées.

A sept heures, MM. Casimir Perrier et Benjamin Constant vinrent se joindre à la commission. Benjamin Constant faisait acte de bonne volonté, car il n'avait point été désigné. M. Odier, qui l'avait été, avait repoussé cette belle mission: son héritage ne pouvait manquer d'être recueilli; il le fut. Jusques-là le gouvernement provisoire, composé de cinq membres, n'avait point encore nommé de secrétaire officiel. M. Lafitte propose M. Odillon-Barrot, qui fut accepté et se rendit de suite à ses fonctions. On lui adjoignit MM. Baude et Bonnelier, qui, depuis le commencement du jour, travaillaient à l'Hôtel-de-Ville, ainsi qu'on l'a déjà dit.

Cependant de nombreux avis, tous contradictoires, arrivaient de toutes parts: des besoins se faisaient sentir et il était difficile de les satisfaire. La commission municipale se trouvait dans le dénuement le plus complet. Un peu de vin et un verre de fer-blanc, voilà tout ce que, pendant la première journée, la commission municipale put se procurer. Disette honorable qui contrastera plus tard avec les splendides festins par lesquels on voulait préluder à la république.

Les membres de la commission prenaient leur mal en patience, mais il n'en était pas ainsi du peuple. Couché dans les rues, sans argent, sans travail, sans pain, il n'attendait sa nourriture que du gouvernement, et le gouvernement lui-même était peu en état de lui en donner. Dans la soirée, M. Bavoux fit dire à la commission qu'il avait trouvé un million dans la caisse de la police. Trois mille francs furent aussitôt prélevés pour parer aux besoins les plus urgents, et la caisse de la police devint le trésor du gouvernement.

Cependant la nuit approchait, et on ne la voyait pas venir sans de vives inquiétudes. L'ennemi était repoussé, et d'ailleurs on n'avait point à craindre de lui une attaque nocturne; mais les vainqueurs parcouraient les rues, et ces vainqueurs, si sobres pendant le combat, s'étaient un peu oubliés après la victoire.

Si une mauvaise idée avait surgi dans toutes ces têtes irritées encore, il eût été difficile de prévoir jusqu'où le désordre serait allé. Tous les bons citoyens sentirent donc la nécessité de faire une garde active et vigilante. Dans toutes les mairies des registres étaient ouverts pour recevoir les noms des volontaires nationaux. En quelques heures plus de quatre-vingt mille noms furent inscrits, et par-tout, dans toutes les rues, des corps-de-garde furent installés. Les réverbères avaient été arrachés, mais les citoyens y pourvurent en garnissant leurs croisées de lampions, depuis le rez-de-chaussée jusqu'à l'étage le plus élevé : jamais illumination aussi brillante n'avait éclairé la capitale. C'était un beau spectacle que celui de cette ville naguères si tranquille et en quelques jours si agitée. Ces maisons flamboyantes de lumières, ces barricades, ces patrouilles de citoyens armés, circulant en tout sens, ces cris : *Qui vive !* se répétant de cinq en cinq minutes, cet ordre magique et parfait succédant tout-à-coup à la guerre et au désordre nécessaire qui la suit, ont laissé dans l'esprit de ceux qui ont été témoins ou acteurs dans ces grandes scènes un souvenir qui vivra.

Grâce à cette active surveillance, grâce aussi au bon sens et au désintéressement du peuple de Paris, la nuit ne fut troublée par aucun incident fâcheux, et les propriétés particulières furent entourées de plus de respect peut-être que dans des temps de paix et d'ordre.

L'extérieur, nous l'avons déjà dit, donnait peu d'inquiétudes, cependant on ne le négligeait pas : il faut éclairer la marche d'un ennemi, même lorsqu'il est en pleine déroute. Pendant la nuit quelques renseignements peu exacts arrivèrent à l'Hôtel-de-Ville ; des régiments de hussards, flanqués d'une artillerie formidable, sont, disait-on, en marche pour prendre position autour de Paris ; le duc d'Angoulême, en tête de la garde royale, campe dans le bois de Boulogne ; tout annonce que le lendemain une tentative vigoureuse sera faite. Ces bruits faux étaient bons en eux-mêmes ; ils tenaient le peuple en alerte. Les généraux Gérard, Morin et Pajol faisaient des dispositions pour résister à une attaque si elle était faite ; ils avaient la confiance du peuple et assurément le succès ne pouvait être douteux.

Le lendemain matin on eut la satisfaction d'apprendre que tous les préparatifs de résistance étaient inutiles. La garde royale avait montré trop peu de zèle à ses princes pour que l'on pût rien espérer de ses efforts. La cour avait donc pris son parti, et désormais son salut ne pouvait exister que dans la sympathie qu'elle trouverait dans les provinces, et elle croyait bien peu même à cette sympathie. La Vendée seule laissait de secrètes espérances ; mais les événements marchaient si vite !...

Nuit du 29 au 30 Juillet 1830

quittés par les patrouilles
Illuminations générales Place du Châtelet !

30 Juillet 1830.

ARRIVÉE DES PATRIOTES DE ROUEN, D'ELBEUF ET DU HAVRE,

Commandés par MM. Delaunay, V. Guesne, Monthelier et Duqueville

Débarrassé de toutes craintes à l'extérieur, le gouvernement provisoire continua à organiser à l'intérieur. Les circulaires aux mairies, qui déjà avaient été adressées, furent renouvelées et changées en quelque partie. On prit pour base l'élection nationale; les scrutateurs définitifs du dernier collège furent délégués aux fonctions municipales; le scrutateur qui avait eu le plus de voix fut appelé aux fonctions de maire. Tout s'organisa en quelques heures sur les bases données. On s'occupa sur-tout d'un travail détaillé et approfondi sur les subventions. Les ateliers ne s'étaient pas encore rouverts, les ouvriers vivaient dans la rue et ne pouvaient vivre qu'aux dépens du trésor public ; d'un autre côté, les hôpitaux étaient encombrés : il fallait donc en même temps remédier à toutes ces infortunes, et sur-tout prévoir, empêcher les privations trop dures qui auraient conduit à des voies de fait excusables dans leur principe, mais funestes dans leurs résultats. Pendant plusieurs jours les secrétaires de la commission sont chargés des achats et de la distribution des subsistances. Ce travail, fait avec conscience et dans une juste mesure, mérite la reconnaissance publique; car il a maintenu dans le calme une multitude d'oisifs qui certes auraient trouvé plus d'avantage à piller les maisons et les boutiques.

Deux choses sur-tout occupaient les esprits le vendredi matin : Comment les événements de Paris seront-ils reçus en province? et puis cette grande question : Que va-t-on faire ?

M. Chardel, directeur des postes, avait reçu des nouvelles de province; il en fit un rapport au gouvernement provisoire. Ces nouvelles étaient excellentes et détruisaient les espérances de Charles X, si toutefois il en conservait encore. Partout le drapeau tricolore, apporté par les conducteurs de diligences, était reçu avec enthousiasme. Quelques préfets seulement, incrédules par système et par fidélité à leurs places, faisaient mine de poursuivre les partisans de la révolution, qu'ils traitaient de factieux; mais les nouvelles confirmatives des succès de Paris arrivaient trop vite pour qu'ils eussent le temps d'exercer des vengeances.

Les journaux continuaient d'être affichés sur les murs, et chacun y cherchait les nouvelles qui l'intéressaient le plus. Or, ces journaux répétaient sur les provinces, sur l'attitude de la cour à Saint-Cloud, tout ce qu'ils savaient et même plus qu'ils ne savaient. Le lecteur ne critique guères quand sa curiosité est vivement excitée; tous les récits étaient acceptés comme vérité.

Quelques journaux, *le National* entre autres, commençaient à prendre une couleur qui appela l'attention. Pendant que le gouvernement provisoire, courant au plus pressé, prenait des mesures pour rétablir l'ordre dans la capitale, sauf à délibérer ensuite, avec maturité et réflexion, sur le choix d'un gouvernement définitif, les partis s'agitaient de plus en plus, les bonapartistes rédigeaient, imprimaient des proclamations; les républicains agissaient sur le peuple. Toutefois ces deux partis ne comptaient pas dans leur sein de chefs assez puissants pour sortir des rangs avec avantage. Les amis de la maison d'Orléans organisaient une royauté nouvelle avec plus de chances de succès. Les conférences se tenaient chez M. Lafitte. On communiquait par courrier avec le duc d'Orléans, retiré alors à sa maison de campagne de Neuilly. *Le National*, dévoué au prince, vantait ses hautes qualités civiles et militaires, et le présentait à la France comme la seule planche de salut dans ces temps d'orage.

Le duc d'Orléans s'était toujours montré bon citoyen, accueillant dans son palais les disgraciés de Charles X. Fort mal à la cour de ce prince, on le plaçait généralement, par l'élévation de son rang du moins, comme à la tête de l'opposition libérale. On entendit donc prononcer son nom avec plaisir. L'esprit s'effraie de l'anarchie, et alors une anarchie flagrante régnait à Paris : par raison on s'attachait à tout ce qui pouvait rappeler l'unité et rétablir l'ordre. Les partisans de la maison d'Orléans avaient habilement calculé sur ce sentiment : le succès pour eux était dans une tentative brusque; ils la firent.

Pendant que, en dehors du gouvernement provisoire, des hommes sans mission essayaient d'organiser l'empire, la république et la royauté, le gouvernement provisoire continuait l'exercice de sa puissance de fait. Par ordre du général Lafayette, les barrières furent un instant fermées, et personne ne put désormais sortir sans être muni d'une carte signée d'un des membres de la commission. A cette mesure d'ordre s'en joignit une plus importante : les travaux dans les différents ministères restaient en souffrance, il était donc urgent de les reprendre; mais pour y parvenir il fallait nommer des ministres. Une ordonnance est rendue à cet effet. Cette ordonnance, communiquée d'abord par note, ayant donné lieu à des erreurs, le 31 juillet les nominations furent rendues officielles. M. Dupont de l'Eure était nommé commissaire provisoire au département de la justice, M. Louis aux finances, M. Gérard à la guerre, M. de Rigny à la marine, M. Bignon aux affaires étrangères, M. Guizot à l'instruction publique, M. de Broglie à l'intérieur. Plusieurs des élus ont refusé. Il paraît que le portefeuille refusé de M. de Broglie fut offert à M. Casimir Perrier; le *Bulletin des Lois* constate même la nomination de ce dernier par la commission municipale; cependant, en fait, M. Casimir Perrier n'a pas pris, à cette époque, possession du ministère, non plus que MM. de Rigny et Bignon.

Au même moment, la commission municipale adressait aux habitants de Paris la proclamation suivante :

Delaunois, lith.

Petit, direxit

L. de Lienard et Bourdet, imp.

Août 1830

M. AUDRY DE PUYRAVEAU, Député.

Membre du Gouvernement provisoire.

Ancien Colonel, Aide de camp du Général Lafayette.

« Habitants de Paris,

» Charles X a cessé de régner sur la France ! Ne pouvant oublier l'origine de son autorité, il s'est toujours considéré comme l'ennemi de notre patrie et de ses libertés qu'il ne pouvait comprendre. Après avoir sourdement attaqué nos institutions par tout ce que l'hypocrisie et la fraude lui prêtaient de moyens, lorsqu'il s'est cru assez fort pour les détruire ouvertement, il avait résolu de les noyer dans le sang des Français : grâce à votre héroïsme, les crimes de son pouvoir sont finis.

» Quelques instants ont suffi pour anéantir ce gouvernement corrompu, qui n'avait été qu'une conspiration permanente contre la liberté et la prospérité de la France. La Nation seule est debout, parée de ces couleurs nationales qu'elle a conquises au prix de son sang : elle veut un gouvernement et des lois dignes d'elle.

» Quel peuple au monde mérita mieux la liberté ? Dans le combat, vous avez été des héros ; la victoire a fait connaître en vous ces sentiments de modération et d'humanité qui attestent à un si haut degré les progrès de notre civilisation. Vainqueurs et livrés à vous-mêmes, sans police et sans magistrats, vos vertus ont tenu lieu de toute organisation ; jamais les droits de chacun n'ont été plus religieusement respectés.

» Habitants de Paris, nous sommes fiers d'être vos frères : en acceptant des circonstances un mandat grave et difficile, votre Commission municipale a voulu s'associer à votre dévouement et à vos efforts ; ses membres éprouvent le besoin de vous exprimer l'admiration et la reconnaissance de la patrie.

» Leurs sentiments, leurs principes sont les vôtres : au lieu d'un pouvoir imposé par les armes étrangères, vous aurez un gouvernement qui vous devra son origine : les vertus sont dans toutes les classes ; toutes les classes ont les mêmes droits : ces droits sont assurés.

» Vive la France !

» Vive le peuple de Paris ! vive la liberté !

» Lobau, Audry de Puyraveau, Mauguin, de Schonen.

» Pour ampliation,

» Le secrétaire de la Commission municipale,

» Odilon-Barrot. »

Une vive inquiétude au reste régnait encore dans Paris. Le bruit qui s'était répandu de négociations avec Charles X irritait les esprits. On s'indignait à la seule pensée d'une régence et d'un enfant sur le trône. Les proclamations rassurèrent, et d'ailleurs la conférence des envoyés de Saint-Cloud avec la commission municipale ne fut bientôt plus un mystère pour personne.

Dans la journée du 30, la commission dut songer à la conservation des diamants de la couronne. Un officier de la Garde nationale, accompagné de M. Bapst, joaillier de la liste civile, fut chargé de vérifier s'ils étaient encore intacts. Le rapport apprit qu'ils avaient été enlevés. C'était un vol honteux, car ces diamants sont la propriété de l'état. L'autorité militaire en fut aussitôt instruite, et mission fut donnée, sur la proposition du général Lafayette, au colonel Poque-Beauvais de recouvrer, même par la force, le trésor enlevé. Cette circonstance donna l'éveil à la commission. Elle pensa que si les partisans de Charles X détournaient, à leur profit ou au profit de leur maître, les diamants de la couronne, ils pouvaient bien ne pas respecter davantage le trésor. Ce fut donc un devoir pour elle de faire des perquisitions actives et scrupuleuses. Quelques indices avaient fait croire qu'un recel considérable existait rue de la Chaise; par ordre de la commission les scellés furent apposés. On trouva là une inscription de 100,500 francs de rente, elle fut mise à la disposition du ministre des finances, ainsi que les diamants qui ne furent recouvrés que beaucoup plus tard.

Pendant que la commission réglait avec habileté tout ce qu'exigeait l'ordre, la cour de Saint-Cloud se disposait à quitter cette retraite et se dirigeait sur Versailles, pour se rendre ensuite au château de Rambouillet. Elle avait appris les tentatives faites auprès du duc d'Orléans, et déjà elle redoutait ce qui est arrivé. L'opinion libérale du prince l'indiquait comme successeur naturel au trône, et il y avait quelque importance à empêcher ce fait immense pour la destinée du monarque déchu et de sa famille. On dit que des ordres furent donnés de se saisir du duc, mais celui-ci prévoyant le coup avait eu soin de se mettre à couvert. Sa retraite n'était connue que de quelques amis qui travaillaient chaudement à son élévation. Dans la soirée du vendredi ce travail était déjà fort avancé, on parlait partout du duc d'Orléans, lieutenant-général, et l'on disait qu'il allait se rendre au Palais-Royal. En effet, des envoyés partirent de la maison de M. Lafitte et allèrent porter au prince la nouvelle des bonnes dispositions dans lesquelles Paris se trouvait pour lui, et le presser de venir dans cette ville faire acte du pouvoir qui allait lui être confié. Les communications entre Neuilly et Paris étaient redevenues tout-à-fait libres, les circonstances étaient pressantes, d'autres partis s'agitaient, le triomphe de ces partis entraînait l'exclusion de la branche d'Orléans; il n'y avait donc point à balancer, et d'ailleurs la couronne s'offrait en perspective, et c'est toujours un grand appât. Dans la nuit le prince arriva au Palais-Royal, et dès le lendemain matin on afficha par son ordre la proclamation suivante:

« Habitants de Paris,

» Les députés de la France, en ce moment réunis à Paris, m'ont exprimé le désir que je me rendisse dans cette capitale pour y exercer les fonctions de lieutenant-général du royaume.

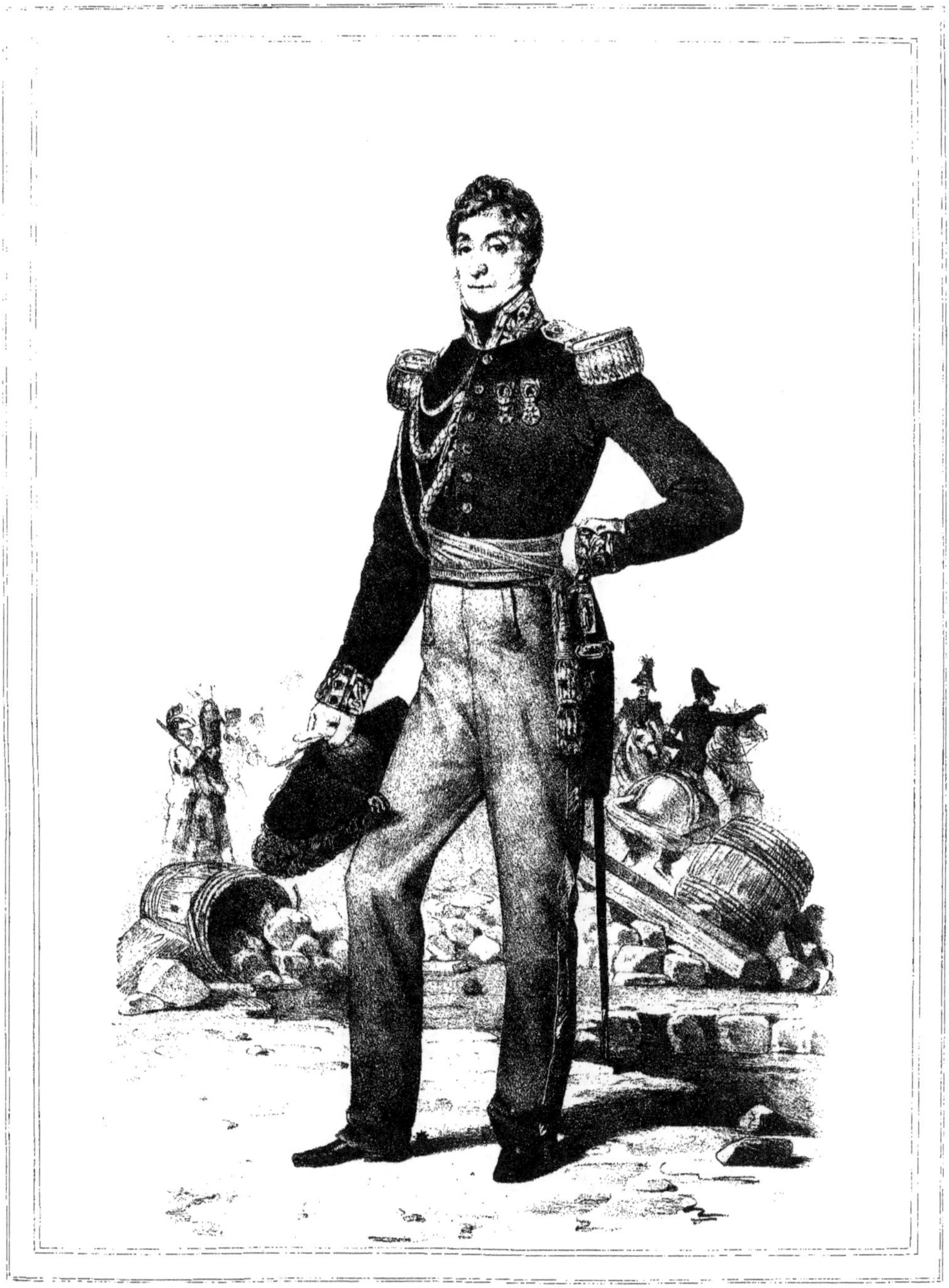

Sixte lith. — Petit direxit — Lith. de Rechelsmann, rue de la Bibliothèque, N° 4

29 Juillet 1830

LE Gal Cte ALEX. DE LA BORDE,

Commandant en second la Garde Nationale sous les Ordres du Gal Lafayette.
Ancien Préfet de la Seine, depuis Aide de Camp du Roi.

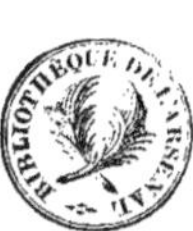

» Je n'ai pas balancé à venir partager vos dangers, à me placer au milieu de votre héroïque population, et à faire tous mes efforts pour vous préserver des calamités de la guerre civile et de l'anarchie.

» En rentrant dans la ville de Paris, je portais avec orgueil ces couleurs glorieuses que vous avez reprises, et que j'avais moi-même long-temps portées.

» Les chambres vont se réunir : elles aviseront aux moyens d'assurer le règne des lois et le maintien des droits de la Nation.

» La Charte sera désormais une vérité.

» Louis-Philippe d'Orléans. »

La chambre des députés répondit par une autre proclamation, qui contient tout à la fois des vœux et de hautes promesses.

« Français,

» La France est libre. Le pouvoir absolu levait son drapeau ; l'héroïque population de Paris l'a abattu. Paris attaqué a fait triompher par les armes la cause sacrée qui venait de triompher en vain dans les élections. Un pouvoir usurpateur de nos droits, perturbateur de notre repos, menaçait à la fois la liberté et l'ordre : nous rentrons en possession de l'ordre et de la liberté. Plus de crainte pour les droits acquis, plus de barrière entre nous et les droits qui nous manquent encore.

» Un gouvernement qui sans délai nous garantisse ces biens, est aujourd'hui le premier besoin de la patrie. Français, ceux de vos députés qui se trouvent déjà à Paris se sont réunis ; et, en attendant l'intervention régulière des chambres, ils ont invité un Français qui n'a jamais combattu que pour la France, M. le duc d'Orléans, à exercer les fonctions de lieutenant-général du royaume. C'est à leurs yeux le plus sûr moyen d'accomplir promptement par la paix le succès de la plus légitime défense.

» Le duc d'Orléans est dévoué à la cause nationale et constitutionnelle ; il en a toujours défendu les intérêts et professé les principes. Il respectera nos droits, car il tiendra de nous les siens. Nous, nous assurerons par des lois toutes les garanties nécessaires pour rendre la liberté forte et durable ;

» Le rétablissement de la Garde nationale, avec l'intervention des gardes nationaux dans le choix des officiers ;

» L'intervention des citoyens dans la formation des administrations départementales et municipales ;

» Le jury pour les délits de la presse ;

» La responsabilité légalement organisée des ministres et des agents secondaires de l'administration ;

» L'état des militaires légalement assuré ;

» La réélection des députés promus à des fonctions publiques.

» Nous donnerons enfin à nos institutions, de concert avec le chef de l'état, les développe- ments dont elles ont besoin.

» Français, le duc d'Orléans lui-même a déjà parlé, et son langage est celui qui convient à un pays libre : « Les chambres vont se réunir, vous dit-il ; elles aviseront aux moyens d'assurer » le règne des lois et le maintien des droits de la Nation.

» La Charte sera désormais une vérité. »

Lorsque cette proclamation fut rédigée et discutée dans le sein de la chambre, il y avait quatre-vingt-neuf députés présents seulement, parmi lesquels on distinguait MM. Benjamin Constant, Bernard, Girod de l'Ain, Lobau, Audry de Puyraveau, Salverte, Lafitte, Dupin, etc., etc.

Pendant que ce travail se faisait à la chambre, une alerte assez vive se manifesta. Quelqu'un vint dire que les républicains voulaient tenter un mouvement et proclamer la république ; on ajoutait même, mais c'était un bruit sans fondement, que la commission municipale se mettait à la tête de ce parti. Aussitôt on pressa la délibération, et il fut décidé que sur-le-champ la chambre se transporterait au Palais-Royal pour se rendre de là à l'Hôtel-de-Ville, le lieutenant-général à sa tête.

Cette visite du prince à Lafayette, général en chef et représentant de la France et des sentiments populaires, avait été arrêtée dès le matin, mais elle dut sa solennité à la circonstance que nous venons de rapporter.

En effet, vers trois heures, la chambre tout entière, escortée de quelques gardes nationaux en petit nombre, entra dans la cour du Palais et se rendit immédiatement dans les appartements. Le peuple se presse sous les fenêtres ; cependant on s'aperçoit à son langage qu'il ne connaît pas bien encore le nouveau roi qu'on lui destine. C'était sagement que la chambre a pensé qu'il était important qu'il se montrât.

Après quelques minutes, les députés redescendent, le lieutenant-général les accompagne. Aussitôt qu'il paraît à cheval, la foule l'entoure et les cris, vive le duc d'Orléans ! retentissent sur son passage. C'est à grand'peine que le prince parvint jusqu'à la place du Carrousel. Alors les citoyens, les députés eux-mêmes, se prennent par la main et forment une longue chaîne qui entoure le cortége et l'entraîne pour ainsi dire jusqu'à la place de l'Hôtel-de-Ville. Cette escorte de nouvelle espèce est plus imposante que les baïonnettes. Au milieu du cortége on remarque une chaise à porteur, c'est Lafitte qui y séjourne ; il est souffrant, mais il n'a pas voulu manquer à la cérémonie, qui est à vrai dire le premier acte de possession d'une royauté nouvelle et toute populaire.

Henry del.

31 Juillet 1830.

ARRIVÉE DU DUC D'ORLÉANS A L'HÔTEL DE VILLE.

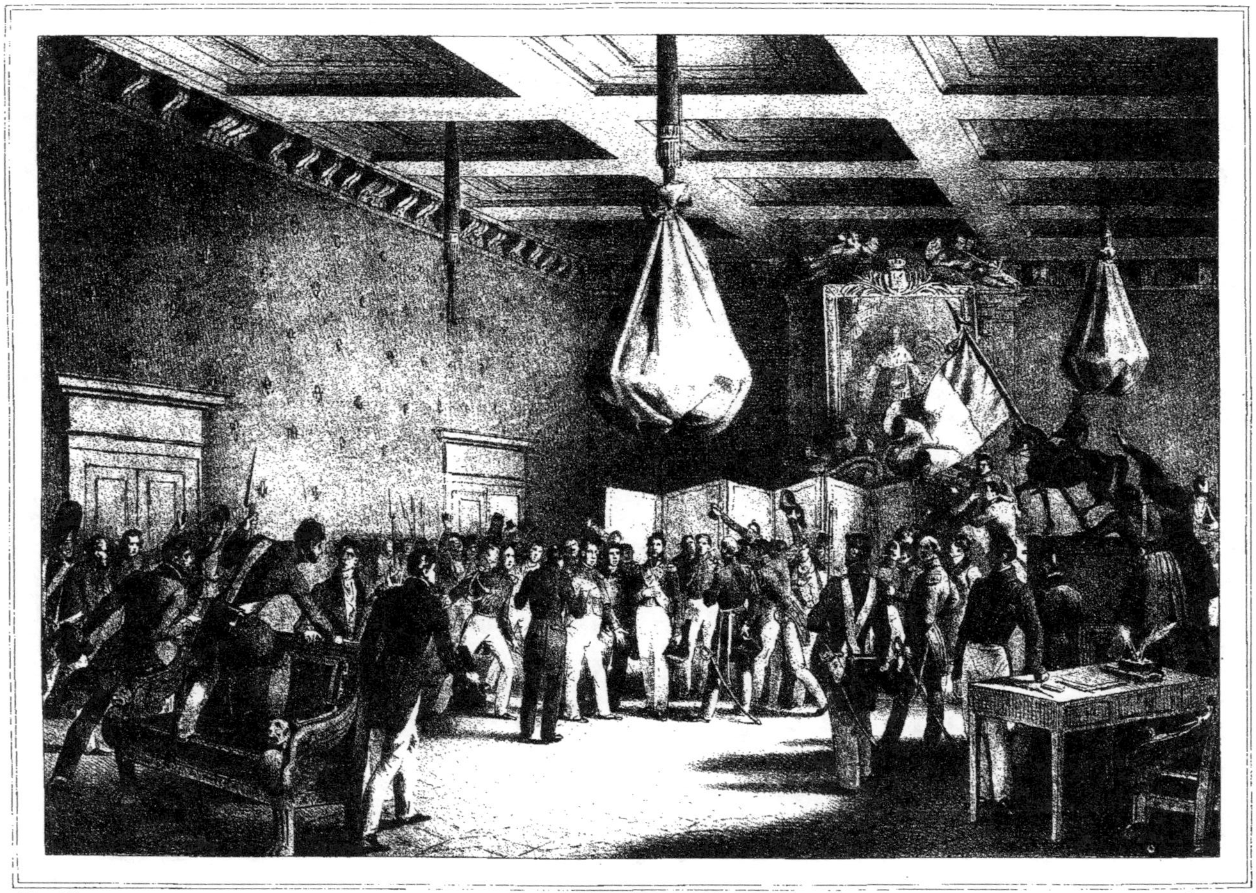

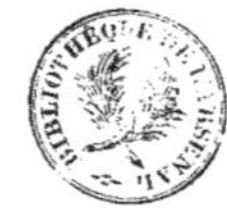

Blanc del. — *Petit direx.*

31 Juillet 1830.

[illegible]TURE DE L'ADRESSE [illegible] DES DÉPUTÉS,

Salle du Trône a l'hôtel de ville.

Aussitôt qu'il sut que le lieutenant-général approchait, Lafayette accompagné d'un nombreux état-major, de la commission municipale, de M. Dumoulin, commandant de l'Hôtel-de-Ville, et de ces élèves de l'École polytechnique, si jeunes et si braves, descendit jusqu'au perron de l'Hôtel pour le recevoir. Dès que le prince eut mis pied à terre, il s'avança vers lui avec cordialité. Arrivé dans la grand'salle d'armes, un cercle se forma, et l'un des députés, M. Viennet, prononça l'adresse ou la proclamation dont nous avons donné le texte ci-dessus et qui fut ensuite affichée. Cette proclamation contenait de hautes promesses ; elle fut accueillie avec franchise comme elle avait été prononcée, et chacun put dès lors prendre espérance dans l'avenir.

A peine le lieutenant-général avait-il répondu à l'adresse des députés, que le général Dubourg s'avançant, lui dit: « La Nation vient de conquérir sa liberté au » prix de son sang, elle saurait la reconquérir si des hommes coupables tentaient » de la lui ravir encore. » — « Général, s'est aussitôt écrié le prince avec véhé- » mence et dignité, vous ne me connaissez pas ; vous ne me connaissez pas !... » Je n'ai pas besoin d'être engagé par la crainte à être fidèle à mes serments ; je suis » homme d'honneur, et quand je promets, je tiens parole. » Des cris de vive le duc d'Orléans ! vinrent interrompre cet incident.

Après cette scène intérieure, Lafayette, donnant le bras au lieutenant-général, se présenta avec lui à l'une des fenêtres de l'Hôtel-de-Ville. Ils furent accueillis par des acclamations universelles. Là il embrassa le prince. Dans ce moment, une salve d'artillerie ébranla toutes les maisons d'alentour. C'étaient les mêmes canons qui, la veille, avaient été conquis par le peuple sur les troupes de Charles X.

Un lieutenant-général était nommé : la commission municipale devait naturel- lement résigner ses pouvoirs, elle le fit. Mais le lieutenant-général lui manifesta le désir qu'elle continuât à s'occuper quelque temps encore de tout ce qui concernait la sûreté, la tranquillité et les intérêts municipaux de la ville de Paris. Elle a répondu à cette mission comme elle avait répondu à la première.

Toutefois, avant de se dissoudre, la commission municipale avait à régler des intérêts généraux de la plus haute importance ; elle les régla. Lafayette avait adressé à l'armée française une proclamation de nature à la rattacher au peuple vainqueur. Cette proclamation avait produit son effet. De toutes parts il arrivait au gouvernement des soumissions. Des soldats en grand nombre désertaient le drapeau blanc, devenu pour la France drapeau ennemi, et se rendaient à Paris. D'un autre côté tous les combattants de juillet, sans ouvrage et sans pain, erraient dans les rues, et cette longue oisiveté donnait des craintes. Le commerce était en souffrance, les échéances du mois ne pouvaient être payées. Enfin il était indispensable de pourvoir à l'approvisionnement de Paris. La réserve contenait pour un mois de subsistance ; cela ne suffisait pas. Tous les besoins furent satisfaits avec prévoyance et activité. Des soumissions offertes furent acceptées ; l'autorité militaire débarrassa les grandes lignes de communication. Les besoins du commerce furent satisfaits par l'arrêté suivant :

« La commission municipale de Paris,

» Attendu que depuis le 26 juillet la circulation des correspondances et effets de commerce dans la ville de Paris a été suspendue par force majeure ;

» Que depuis le 28 juillet le tribunal de commerce a suspendu ses audiences, que les citoyens occupés de la défense commune ont forcément suspendu le cours de leurs affaires et de leurs paiements ;

» Vu les réclamations qui lui sont adressées par le commerce de Paris ;

» Après avoir entendu le président du tribunal de commerce ;

» Considérant l'urgence des circonstances,

» Arrête :

» Art. 1er. Les échéances des effets de commerce payables à Paris depuis le 26 juillet jusqu'au 15 août inclusivement, seront prorogés de *dix jours*, de manière à ce que les effets échus le 26 juillet ne soient payables qu'au 5 août, et ainsi de suite.

» Art. 2. Tous protêts, recours en garantie et prescriptions mentionnés en l'art. 1er sont également suspendus.

» Fait à l'Hôtel-de-Ville à Paris, le 31 juillet 1830.

» *Signé* Lobau, Audry de Puyraveau, de Schonen, Mauguin. »

Enfin la commission, pour occuper la foule d'oisifs qui encombrait les rues, et pour nourrir cette population qui venait de vaincre et ne voulait point accepter d'argent pour prix de sa victoire, s'entendit avec le général Lafayette, et un arrêté fut pris à cet égard.

« Le général Lafayette et la Commission municipale de Paris arrêtent :

» Art. 1er. Il est créé une garde nationale mobile : elle sera composée de vingt régiments, et pourra être employée hors de Paris à la défense de la patrie.

» Art. 2. Tous les citoyens en état de porter les armes sont invités à s'y faire inscrire : à cet effet, ils se transporteront sur-le-champ à leurs mairies respectives, où des listes seront ouvertes.

» Art. 3. La garde nationale mobile recevra une solde qui sera ultérieurement fixée pour les

Blanc lith.   Petit direxit.   Imp. d. Rochebrune et Cie in Bibliothèque N°4.

29 Juillet 1850.

Mr. BAYOUX (Député)

Préfet de Police sous le Gouvernement provisoire

officiers et sous-officiers ; pour les soldats, elle sera de trente sous par jour. La solde durera jusqu'au licenciement et quinze jours après ; le licenciement aura lieu aussitôt que cette force ne sera plus nécessaire.

» Art. 4. La garde nationale mobile est mise sous les ordres du général Gérard, qui a déjà le commandement des troupes de ligne ; il fera tout ce qui est nécessaire pour la formation et l'organisation ; il s'adjoindra à cet effet tel nombre d'officiers qui lui paraîtra convenable. Les listes des mairies et le bureau de la garde nationale siégeant à l'Hôtel-de-Ville, sont mis à sa disposition.

» Hôtel-de-Ville, ce 31 juillet 1830.

» LAFAYETTE.

» *Les membres de la commission ,*

« LOBAU, AUDRY DE PUYRAVEAU, MAUGUIN, CASIMIR PÉRIER.

» Pour ampliation ,

» *L'un des secrétaires de la commission ,*

» AYLIES. »

Des registres furent ouverts dans les mairies, des inscriptions reçues en très grand nombre. Mais bientôt un inconvénient grave se fit sentir. La plupart des soldats appartenants aux régiments désorganisés venaient s'inscrire dans la garde mobile. Sur la demande de l'autorité militaire, les listes furent closes et l'abus cessa. Quelque temps après, la garde mobile elle-même fut licenciée, et cette institution, née des circonstances, dut s'effacer et s'effaça devant des circonstances nouvelles.

L'humanité faisait entendre aussi sa voix. Chaque municipalité d'arrondissement fut invitée à se transporter dans les hôpitaux ou maisons particulières qui contenaient des blessés, pour constater l'âge, l'état, la famille, la demeure, les ressources des blessés, et en transmettre le rapport à la commission centrale.

Peu à peu le calme renaissait sous l'influence d'une administration active et vigilante ; Paris reprenait sa physionomie accoutumée ; les pavés disposés en barricades pour la conquête de la liberté, reprenaient leurs places ; la circulation devenait facile ; les reverbères reparaissaient ; chacun commençait à s'occuper de ses affaires, confiant dans l'avenir et dans la sagesse du prince, auquel presque toutes les pensées venaient aboutir comme à un centre commun, comme à une unité que l'esprit désire toujours avec ardeur.

La presse aussi reprenait son activité et sa puissance. Le lieutenant-général trouva dans les journaux des auxiliaires francs et sincères : tous redisaient sans détour tous les faits qui dans le passé pouvaient le faire connaître et lui rallier les esprits. L'opposition resta comme muette devant la grandeur des événements et devant la nécessité de reconstituer un gouvernement, un pouvoir à la place de ceux qui venaient d'être renversés.

Le parti républicain eut aussi ses organes : c'est dans ces journées que les journaux *la Tribune* et *la Révolution* ont pris naissance.

Au reste, jamais les opinions ne reçurent une plus grande publicité; chacun était maître absolu de manifester sa pensée quelle qu'elle fût, ardente ou timide, modérée ou furieuse, républicaine ou monarchique. Les murs étaient tapissés de systèmes politiques, de conseils, de proclamations plus ou moins déclamatoires. Cet état de choses dura long-temps; mais peu à peu cet excès de liberté fatigua ceux-là même qui s'y livraient, les publications furent moins multipliées; et lorsque plus tard une loi fut portée contre les crieurs publics et les affiches, l'abus que la loi voulait frapper avait presque cessé.

La nomination du lieutenant-géuéral peut être considérée comme le dénouement du drame de la grande semaine : désormais en effet la royauté de fait réside au Palais-Royal, l'administration tire de là son pouvoir, et toutes les autorités se groupent autour du prince. C'est en son nom que les tribunaux vont recommencer à rendre la justice, c'est là que toute le journée le peuple s'assemble et demande à grands cris celui qu'il appelle à régner sur lui. Aux portes du palais veille la garde nationale; mais les héros de juillet, mal vêtus, occupent le poste d'honneur; ils l'ont conservé long-temps, et jamais roi n'a eu de garde plus fidèle et plus dévouée. Dans ces premiers jours de puissance, les citoyens de toutes les classes, de tous les rangs formaient la cour du lieutenant-général, cour nombreuse qui, sortie du peuple, se mêlait au peuple, lorsque le prince sortait de son palais. Le soir, les rues retentissaient des chants nationaux, et il est difficile de peindre l'enthousiasme de la foule, lorsqu'elle voyait la famille d'Orléans tout entière répondre avec amour à ces accents de liberté.

Désormais nous ne suivrons plus l'administration dans ses détails, le gouvernement est, matériellement au moins, organisé: il n'entre dans notre plan ni de discuter ni même de raconter ses actes. Cependant il est quelques faits politiques qui tiennent si essentiellement à la révolution, que l'histoire doit les signaler. Tels sont ceux qui concernent la famille déchue, l'élection du nouveau roi, la renaissance du pouvoir judiciaire.

Avant de nous expliquer à cet égard, disons un mot des provinces. Le télégraphe, les postes avaient repris leur activité. Les nouvelles étaient satisfaisantes. L'insurrection de Paris avait éveillé partout une sympathie profonde : le choix du lieutenant-général n'en excita pas moins. Le duc d'Orléans était moins connu

V. Adam del.   Petit Direx.

4 Aout 1830.

ENTRÉE DU DUC DE CHARTRES DANS PARIS.

Place de la Bastille.

sans doute en province qu'à Paris, et les personnes qui se laissent guider par de vieux préjugés pouvaient se montrer hostiles contre le nom, plus encore que contre la personne même du prince. Cependant des adhésions franches rassuraient un peu contre les craintes d'une division, dont le résultat aurait été la guerre civile. Ces craintes éloignées, il fut permis de marcher avec plus d'activité à la réorganisation du corps social.

L'un des premiers actes du lieutenant-général, fut une ordonnance par laquelle il déclare que *la nation française reprend ses couleurs*. Puis il organisa son ministère. M. Dupont de l'Eure fut nommé à la justice, Gérard à la guerre, Guizot à l'intérieur, Louis aux finances, Girod de l'Ain fut appelé à la police, en remplacement de M. Bavoux, qui avait agi dans les précédents jours par ordre de la commission municipale.

Le général Lafayette, dans une proclamation du 31 juillet, relative à l'élection du lieutenant-général, avait annoncé que, dans trois jours, la chambre des députés serait en séance régulière, pour procéder aux travaux d'urgence qui ne pouvaient se remettre jusques à l'élection d'une chambre nouvelle. En effet, dès le 1er août, le *Moniteur* publia l'ordonnance qui fixait la réunion des deux chambres au 3 août. Le roi devait présider cette séance d'ouverture, et toute sa famille devait l'accompagner : il devait la présenter à la grande famille dans laquelle elle allait intimement se confondre.

La veille de cette solennité le duc de Chartres était arrivé de Joigny à la tête de son régiment. A la première nouvelle des événements de Paris, le duc avait quitté sa résidence pour se rendre à Neuilly auprès de son père. Mais arrivé aux barrières il avait reçu l'ordre de retourner sur ses pas et de revenir avec le régiment qu'il commandait. Ce fut une véritable fête que l'entrée de ce prince à Paris, après les grands événements qui venaient de se passer. Ses anciens amis de collège étaient allés au-devant de lui pour le saluer ; son père, son frère, avaient voulu aussi traverser les boulevards à la tête de ces hussards d'Orléans, dont les mains étaient pures du sang des citoyens, et qui pouvaient se montrer avec confiance au milieu des Parisiens. Le duc de Chartres et le lieutenant-général furent accueillis avec enthousiasme sur leur passage. Arrivé dans les cours du Palais-Royal, le duc de Chartres sauta à bas de son cheval, et bientôt il se trouva sur la terrasse, au milieu de sa mère et de ses sœurs. Cette scène de famille, si touchante, parce qu'elle était naïve et vraie, plut à la foule qui se pressait sur la place, et elle manifesta le plaisir qu'elle éprouvait par des bravos et des cris de *Vive le duc d'Orléans! Vive le duc de Chartres! Vive la Liberté!*

Dans les temps de révolution, et sur-tout lorsque l'effervescence populaire commence à se calmer, les hommes graves, rendus à l'autorité de la raison réfléchissent sur le passé et le prennent pour point de départ, afin de mieux régler l'avenir. La magistrature, sous Charles X, s'était montrée souvent hostile aux libertés; on pensait donc que cette magistrature ne conserverait pas un pouvoir dangereux pour la dynastie nouvelle elle-même. L'audience de la cour du lundi 2 août s'ouvrit comme à l'ordinaire; mais les avocats s'étaient entendus, et tous refusèrent de plaider, jusqu'à ce que les magistrats de Charles X eussent reçu une nouvelle délégation provisoire ou définitive. Ils adoptèrent le même plan de conduite à l'égard des tribunaux de première instance. Partout dans les provinces on suivit l'exemple des avocats de Paris. Vainement la magistrature, désirant faire acte de possession sous le nouveau gouvernement, ouvrit-elle ses audiences, le barreau opposa à ses efforts une résistance passive. Pendant plusieurs jours les choses demeurèrent en cet état, on ne céda que lorsqu'une ordonnance, préjugeant la haute question de l'inamovibilité de la magistrature, conféra une investiture nouvelle. Alors la résistance des citoyens devait cesser, mais alors aussi commençait le devoir du pouvoir législatif. Le serment au lieutenant-général, exigé par cette ordonnance, a été prêté; peu de magistrats, et parmi ceux-ci les plus consciencieux et les plus éclairés, ont reculé devant cette obligation.

Au moment où tout se disposait pour la séance d'ouverture de la chambre, on reçut la nouvelle que Charles X et sa famille persistaient à rester au château de Rambouillet, et étaient décidés à s'y défendre. Cette nouvelle avait été envoyée par MM. de Schonen, Maison et Odilon-Barrot, commissaires nommés pour accompagner le roi jusqu'au moment où il quitterait le sol de France. Aussitôt ordre est donné par le lieutenant-général de diriger des forces sur Rambouillet, et de forcer Charles X à s'éloigner. Cet ordre fut bientôt connu de tout Paris, et de tous les quartiers on vit accourir une foule d'hommes armés, qui marchaient au pas de course vers les Champs-Élysées, lieu du rendez-vous général. L'expédition devait être de 6,000 hommes, dont le commandement était confié aux généraux Pajol et Excelmans, ayant pour aides-de-camp le colonel Jacqueminot et Georges Lafayette. Mais au moment du départ, la petite armée se trouva forte de 60,000 hommes à peu près, et sur la route elle se fortifia encore de toutes les recrues qui arrivaient à elle de tous les villages.

Tous ces hommes inexpérimentés n'avaient guère que du courage, et ils s'élançaient avec enthousiasme au-devant des restes assez imposants encore de la garde royale. Ils juraient contre la distance, moins à cause de la fatigue qu'ils devaient en éprouver, que du retard qui devait nécessairement en résulter pour le combat. Pour activer davantage l'expédition, on mit en réquisition tous les

5 Août 1830.

DÉPART POUR RAMBOUILLET DE L'ARMÉE PATRIOTE

Commandée par le Général Pajol

Barrière de l'Étoile

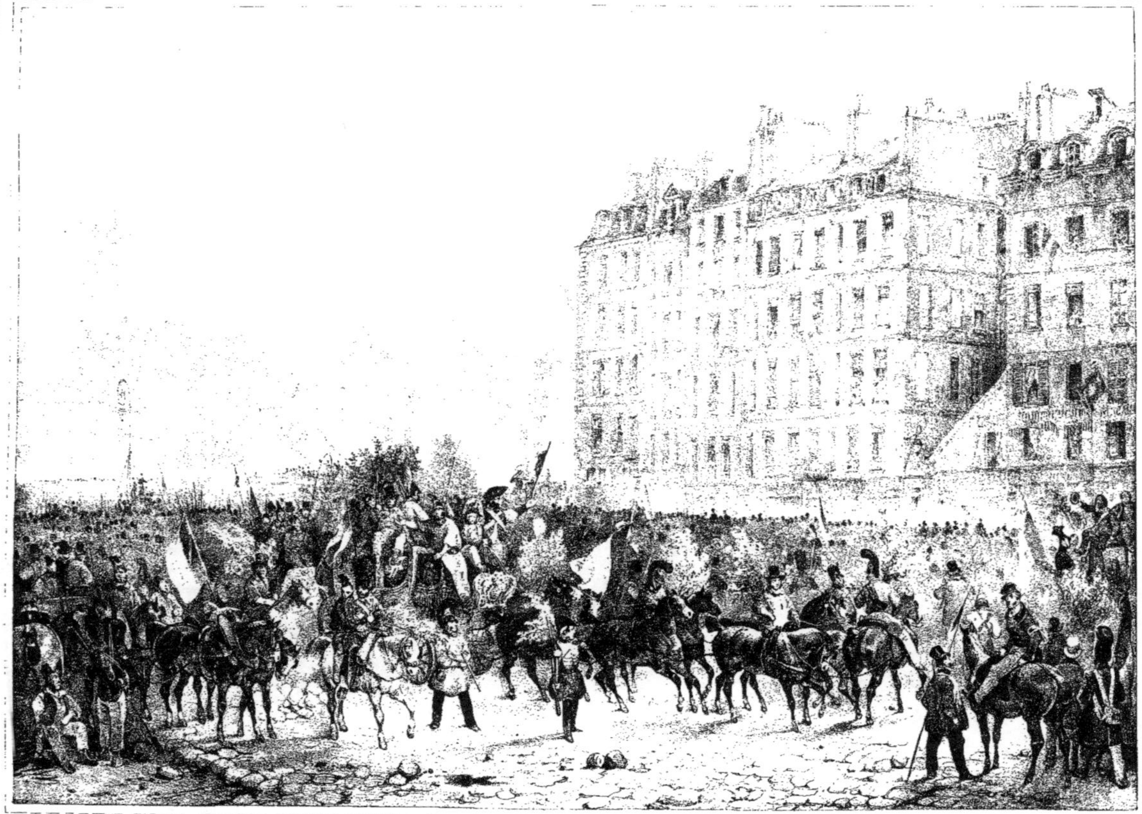

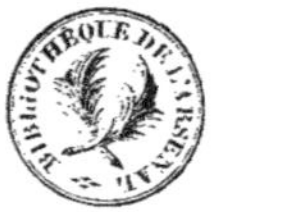

Chazay et V. Adam Lith.

Petit direxit

3 Aout 1830.

RETOUR DE RAMBOUILLET

avec les Équipages de la Cour.

chevaux, toutes les voitures que l'on put rencontrer ; diligences, fiacres, voitures bourgeoises, omnibus, tout indistinctement fut pris. Les uns se placèrent dans l'intérieur, les autres derrière, devant, sur l'impérial. On eût dit de chaque voiture qu'elle était une masse compacte d'hommes, mise en mouvement par une force unique dont on n'apercevait pas le principe d'activité. L'armée qui venait d'être improvisée, en si peu de temps, poursuivait sa route en riant et en chantant. Dans la soirée elle arriva à Coignères, à une courte distance de Rambouillet. Le général Pajol fit faire halte.

Après avoir pris quelque repos, chacun éprouva d'autres besoins. Les bataillons étaient nombreux et manquaient d'aliments. L'expédition avait été organisée si hâtivement, elle devait être si courte, qu'on ne s'était pas occupé des vivres, et d'ailleurs on n'avait pas compté sur le zèle de 60,000 hommes. L'embarras devint immense. A défaut de munitions, la maraude s'organisa ; des feux étaient allumés dans le camp, de distance en distance. On pourrait donner ici une de ces descriptions d'Homère ou de Virgile sur les repas des guerriers. Les uns sont occupés à dépecer les moutons qu'ils ont pris, les autres les suspendent tout entiers à la broche, ce sont les heureux ; d'autres moins bien servis par le hasard ou moins adroits, n'ont trouvé que des liqueurs fortes, ils sont forcés de rester l'estomac vide. La nuit se passa ainsi.

Dès trois heures du matin l'armée expéditionnaire veut se mettre en mouvement, marcher à l'ennemi, lorsqu'on apprend par une lettre du maréchal Maison, que le roi a signé, ainsi que le dauphin, une abdication définitive, qu'ils consentent à licencier leur garde et à sortir de France. A cette nouvelle, un cri général s'élève, on se croit trahi ; le général Pajol est entouré et c'est à grand'peine qu'il fait comprendre à son armée que, désormais, son intervention est inutile et qu'elle doit retourner à Paris ; une partie même de la troupe se détache et continue sa marche vers Rambouillet où elle arrive le matin, ne trouvant plus aucun obstacle sur son passage. La masse de l'armée revient à Paris où elle rentre par détachements. Ce fut une grande fête pour le peuple quand il vit arriver sur la place de l'Hôtel-de-Ville tous les soldats partis de la veille ; ils s'étaient emparé des voitures brillantes de la cour et les ramenaient en signe de leur victoire.

Ces journées de Rambouillet complètent les trois jours. Charles X était vaincu ; il fallait le chasser du territoire pour étouffer les brandons de guerre civile que sa présence pouvait exciter : l'expédition de Rambouillet remplit ce but. Charles X n'osa plus tenir devant les bataillons parisiens, il ne voulut pas même essayer le combat pour reconquérir le trône. En cela il ne fit pas acte de courage, mais il fit acte de bon sens.

Un épisode doit trouver ici sa place. Nous avons dit que le colonel Poque avait été chargé par la commission municipale d'une mission de patriotisme et de confiance, le recouvrement des diamants de la couronne. Il suivait, à cet effet, le mouvement des troupes royales et parlementait avec elles. Il attendait le retour d'un parlementaire, lorsqu'on lui donna l'ordre de s'éloigner. Il était en face d'un bataillon de Suisses. Il répond qu'il ne se retirera que lorsque son parlementaire sera de retour. L'officier commandant le bataillon ennemi le menace de faire tirer sur lui. Le colonel fait signe au brigadier Pradier, qui l'accompagne, de se retirer; Pradier dit qu'il mourra avec son colonel. Celui-ci a déjà répondu aux menaces, qu'il ne quittera pas sa place. Les fusils s'abattent, et un lâche commande le feu. Le colonel Poque tombe de cheval, grièvement blessé.

Pendant que l'expédition de Rambouillet se préparait, le lieutenant-général se rendait à la séance d'ouverture des chambres. Son cortège était simple, la garde nationale, le peuple l'entouraient et faisaient, sur son passage, retentir l'air de cris mille fois répétés.

Dans l'intérieur de la chambre on avait fait tous les préparatifs d'une séance royale. Le trône s'élevait au fond de l'estrade pratiquée sur l'emplacement ordinairement occupé par le bureau du président et par la tribune des orateurs; seulement en avant du fauteuil royal, on avait placé deux pliants, l'un pour le lieutenant-général, à la droite du trône, l'autre pour le duc de Nemours, à la gauche.

A une heure précise, le lieutenant-général entra dans la salle, précédé des députations des deux chambres; et, le front couvert, il prononça le discours suivant :

« Messieurs les Pairs et messieurs les Députés,

» Paris troublé dans son repos par une déplorable violation de la Charte et des lois, les défendait avec un courage héroïque. Au milieu de cette lutte sanglante, aucune des garanties de l'ordre social ne subsistait plus. Les personnes, les propriétés, les droits, tout ce qui est précieux et cher à des hommes et à des citoyens, courait les plus graves dangers.

» Dans cette absence de tout pouvoir public, le vœu de mes concitoyens s'est tourné vers moi. Ils m'ont jugé digne de concourir avec eux au salut de la patrie; ils m'ont appelé à exercer les fonctions de lieutenant-général du royaume.

» Leur cause m'a paru juste, les périls immenses, la nécessité impérieuse, mon devoir sacré. Je suis accouru au milieu de ce vaillant peuple, suivi de ma famille, et portant ces couleurs, qui, pour la seconde fois, ont marqué parmi nous le triomphe de la liberté.

9 Aout 1830.
SERMENT du ROI.
Séance de la Chambre des Députés.

» Je suis accouru, fermement résolu à me dévouer à tout ce que les circonstances exigeraient de moi dans la situation où elles m'ont placé pour rétablir l'empire des lois, sauver la liberté menacée, et rendre impossible le retour de si grands maux, en assurant à jamais le pouvoir de cette Charte dont le nom, invoqué pendant le combat, l'était encore après la victoire.

» Dans l'accomplissement de cette noble tâche, c'est aux chambres qu'il appartient de me guider. Tous les droits doivent être solidement garantis; toutes les institutions relatives à leur plein et libre exercice doivent recevoir les développements dont elles ont besoin.

» Attaché de cœur et de conviction aux principes d'un gouvernement libre, j'en accepte donc toutes les conséquences.

» Je crois devoir rappeler, dès aujourd'hui, votre attention sur l'organisation des gardes nationales;

» Sur l'application du jury aux délits de la presse;

» Sur la forme des administrations départementale et municipale;

» Et avant tout, sur cet article 14 de la Charte qu'on a si odieusement interprété.

» C'est dans ces sentiments, Messieurs, que je viens ouvrir cette session.

» Le passé m'est bien douloureux; je déplore des infortunes que j'aurais voulu prévenir. (M. le duc d'Orléans prononça ces paroles d'une voix altérée.)

» Mais au milieu de ce magnanime élan de la capitale et de toutes les autres cités françaises, à l'aspect de cet ordre renaissant avec une merveilleuse promptitude, après une résistance pure de tout excès, un juste orgueil national émeut mon cœur, et j'entrevois avec confiance l'avenir de la patrie.

» Oui, Messieurs, elle sera heureuse et libre, cette France qui nous est si chère; elle montrera à l'Europe qu'uniquement occupée de sa prospérité intérieure, elle chérit la paix aussi bien que la liberté, et ne veut que le bonheur et le repos de ses voisins.

» Le respect de tous les droits, le soin de tous les intérêts, la bonne foi dans le gouvernement, sont le meilleur moyen de désarmer les partis et de ramener dans les esprits cette confiance dans les institutions, cette stabilité, seuls gages assurés du bonheur des peuples et de la force des États.

» Messieurs les pairs et Messieurs les députés,

» Aussitôt que les chambres seront constituées, je ferai porter à leur connaissance l'acte d'abdication de S. M. le roi Charles X.

» Par ce même acte, S. A. R. Louis-Antoine de France, dauphin, renonce également à ses droits.

» Cet acte a été remis entre mes mains, hier 2 août, à onze heures du soir. J'en ordonne ce matin le dépôt dans les archives de la chambre des pairs, et je le fais insérer dans la partie officielle du *Moniteur*. »

De nombreux bravos éclatent parmi les pairs de France, les députés et les spectateurs des tribunes.

Les chambres commencèrent alors leurs travaux. La Charte de Louis XVIII fut modifiée dans plusieurs de ses parties. Toutefois, dès ce moment, l'opinion publique ne parut pas satisfaite. Des rassemblements entourèrent la chambre des députés, mais ils se dispersèrent à la voix de Lafayette, et devant cette promesse solennelle que le nouveau trône serait entouré d'institutions républicaines.

La Charte fut votée en quelques séances. Des dispositions particulières que le temps ne permettait pas de fixer, furent ajournées, mais figurèrent à la suite de la Charte, comme dispositions additionnelles, irrévocables comme la Charte elle-même. Cela fait, la chambre adopta les résolutions suivantes après une discussion spéciale :

« Moyennant l'acceptation de ces propositions (la Charte et les dispositions additionnelles), la chambre des députés déclare enfin que l'intérêt universel et pressant du Peuple Français, appelle au trône S. A. R. Louis-Philippe d'Orléans, duc d'Orléans, lieutenant-général du royaume, et ses descendants à perpétuité de mâle en mâle, par ordre de primogéniture et à l'exclusion perpétuelle des femmes et de leurs descendants.

» En conséquence, S. A. R. Louis-Philippe d'Orléans, duc d'Orléans, lieutenant-général du royaume, sera invité à accepter et à jurer les clauses et engagements ci-dessus énoncés, l'observation de la Charte constitutionnelle et des modifications indiquées, et après l'avoir fait devant les chambres assemblées, à prendre le titre de Roi des Français. »

Ces résolutions prises, la chambre des députés adopte l'avis unanime de se transporter à pied chez le prince. Arrivée au château, M. Lafitte, son président, donne lecture des dispositions qui viennent d'être transcrites. Le duc d'Orléans, entouré de sa famille, visiblement ému, répond en ces termes :

« Je reçois avec une profonde émotion la déclaration que vous me présentez, je la regarde comme l'expression de la volonté nationale, et elle me parait conforme aux principes politiques que j'ai professés toute ma vie.

» Rempli de souvenirs qui m'avaient toujours fait désirer de n'être jamais destiné à monter sur le trône, exempt d'ambition et habitué à la vie paisible que je menais dans ma famille, je ne puis vous cacher tous les sentiments qui agitent mon cœur dans cette grande conjoncture, mais il en est un qui les domine tous, c'est l'amour de mon pays, je sens ce qu'il me prescrit et je le ferai. »

Le soir même, à neuf heures, la chambre des pairs s'assemble, sous la présidence

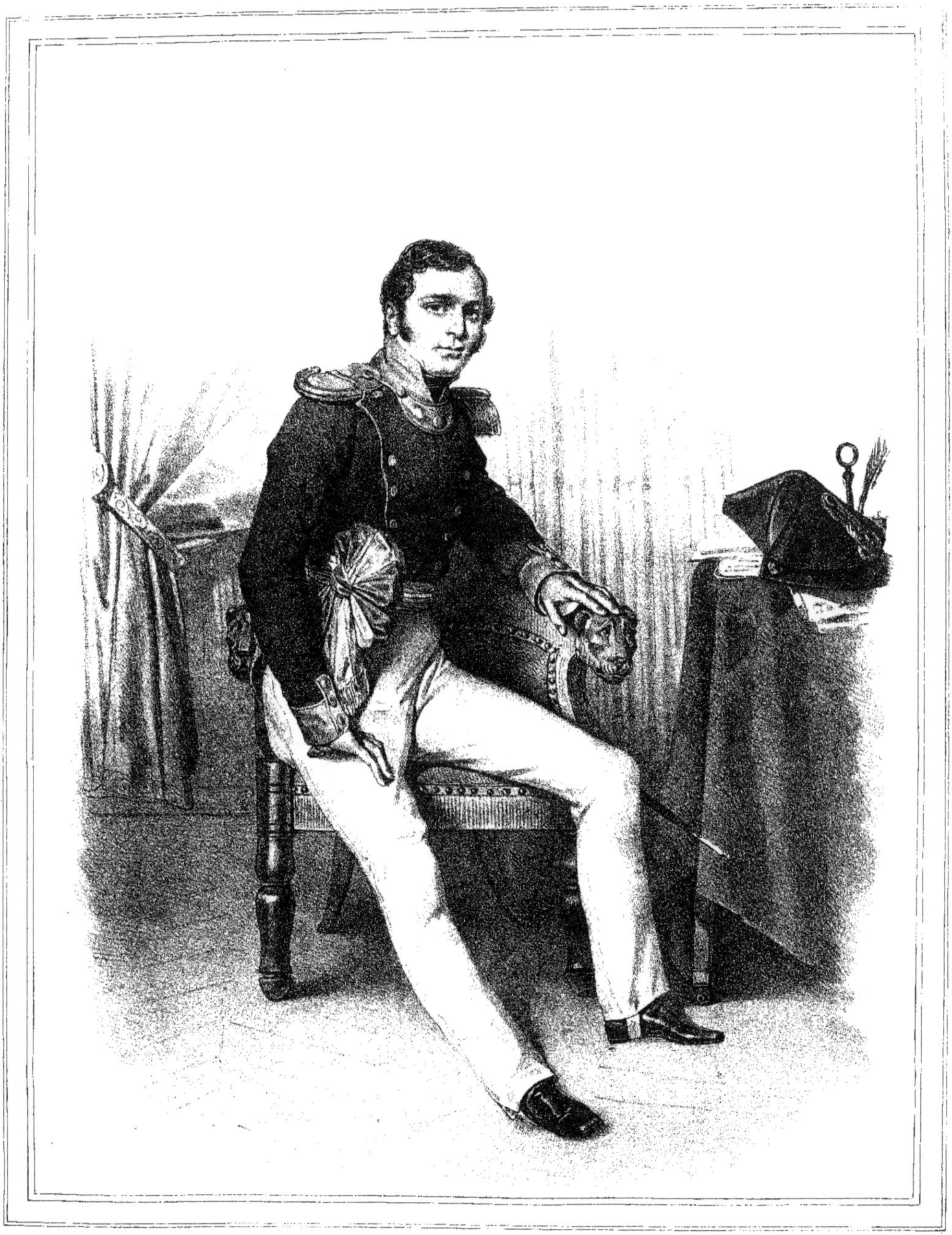

Blanc Lith. — Petit direxit — Lith. de [illegible] rue [illegible] 23

M. ODILLON BARROT (Député)

Ancien Préfet de la Seine.

Un des Commissaires chargés de conduire le Roi à Cherbourg.

de M. le baron Pasquier, pour recevoir la communication de la chambre des députés, relative à la déchéance de Charles X, du dauphin Louis XIX. et de Henri V, et à l'élection de Louis-Philippe Ier, comme Roi des Français.

Cette séance fut remarquable par le discours d'adieux que prononça M. de Châteaubriand. La chambre des pairs adopta toutes les résolutions de la chambre des députés, et M. Pasquier, président-chancelier, vint en apporter la nouvelle au Palais-Royal.

Le 9 août, le lieutenant-général, accompagné du duc de Chartres et du duc de Nemours, se rendit à la chambre pour y prêter serment.

Voici le procès-verbal de cette séance qui termine l'histoire des trois journées :

« S'adressant à M. le président de la chambre des députés, Monseigneur lui a dit :

« Monsieur le président de la chambre des députés, veuillez lire la déclaration de la » chambre. »

» M. le président en a donné lecture et l'a portée à S. A. R., qui l'a remise à M. le commissaire provisoire, chargé du département de l'intérieur.

» S'adressant également à M. le président de la chambre des pairs :

« Monsieur le président de la chambre des pairs, veuillez me remettre l'acte d'adhésion de » la chambre des pairs. »

» Ce que M. le président a fait, et il a remis l'expédition entre les mains de Monseigneur, qui en a chargé M. le commissaire provisoire au département de la justice.

» Alors, Monseigneur a lu son acceptation ainsi conçue :

« Messieurs les pairs, Messieurs les députés,

» J'ai lu avec une grande attention la déclaration de la chambre des députés, et l'acte » d'adhésion de la chambre des pairs, j'en ai pesé et médité toutes les expressions.

» J'accepte sans restriction ni réserve les clauses et engagements que renferme cette décla- » ration et le titre de Roi des Français qu'elle me confère, et je suis prêt à en jurer » l'observation. »

» S. A. R. s'est ensuite levée et, la tête découverte, a prêté le serment dont la teneur suit :

« En présence de Dieu, je jure d'observer fidèlement la Charte constitutionnelle avec les » modifications exprimées dans la déclaration; de ne gouverner que par les lois et selon les » lois, de faire rendre bonne et exacte justice à chacun selon son droit, et d'agir en toute chose » dans la seule vue de l'intérêt, du bonheur et de la gloire du Peuple Français. »

» M. le commissaire provisoire au département de la justice a ensuite présenté la plume à

S. A. R., qui a signé le présent en trois originaux, pour rester déposés aux archives royales, et dans celles de la chambre des pairs et de la chambre des députés.

» Sa Majesté LOUIS-PHILIPPE Ier, Roi des Français, s'est alors placée sur le trône, où elle a été saluée par les cris mille fois répétés de *vive le Roi !*

» *Le silence s'étant établi, S. M. a prononcé le discours suivant :*

« Messieurs les pairs et Messieurs les députés,

» Je viens de consommer un grand acte, je sens profondément toute l'étendue des devoirs
» qu'il m'impose, j'ai la conscience que je les remplirai. C'est avec pleine conviction que j'ai
» accepté le pacte d'alliance qui m'était proposé.

» J'aurais vivement désiré ne jamais occuper le trône auquel le vœu national vient de
» m'appeler, mais la France attaquée dans ses libertés voyait l'ordre public en péril ; la violation
» de la Charte avait tout ébranlé ; il fallait rétablir l'action des lois, et c'était aux chambres
» qu'il appartenait d'y pourvoir. Vous l'avez fait, Messieurs ; les sages modifications que
» nous venons de faire à la Charte garantissent la sécurité de l'avenir, et la France, je
» l'espère, sera heureuse au-dedans, respectée au-dehors, et la paix de l'Europe de plus en
» plus affermie. »

Aussitôt que le nouveau roi, entouré de sa famille, se présenta au peuple que la solennité avait attiré, il fut salué des cris mille fois répétés de *vive le Roi !* La foule l'accompagne jusqu'à son palais ; le soir de ce grand jour et les jours suivants, il y eut dans la cour une affluence considérable ; chacun désirait voir celui à qui les chambres venaient de livrer les destinées de la Nation. Les appartements du palais étaient tout resplendissants de lumière ; mais ce qui donnait confiance, c'est que ces vastes salons s'ouvraient devant les citoyens de tous les rangs, on retrouvait là tout à la fois la magnificence des cours et presque le *sans façon* d'un salon bourgeois, tant il est vrai que le peuple ne gâte rien en se mêlant à la royauté. L'habit du citoyen figure bien toujours à côté des habits brodés, le Roi le savait ; aussi dans ces belles journées d'une dynastie naissante, l'égalité ne fut-elle pas pour lui un vain mot.

De temps en temps le Roi se montrait aux balcons ou se promenait sur les terrasses ; alors aux *vivats* du peuple se mêlaient les chants de la Parisienne et de la Marseillaise. Ce chant de la Marseillaise, si éloquent et si énergique, après tant d'années électrisait encore les cœurs. Le Roi lui-même partageait l'enthousiasme public, redisait cet hymne de la liberté qui l'avait jadis conduit à la victoire dans les champs de Jemmapes et de Valmy. Le monarque répétant ce chant républicain, réalisait aux yeux du peuple ravi, la promesse de Lafayette, d'une monarchie populaire unie à des institutions républicaines.

29 Juillet 1830

LE M.al GÉRARD

Chargé par le Gouvernement provisoire de la réunion du Poste
Ministre, Ministre de la Guerre

Le soir Paris fut illuminé, l'ordre renaissait, le lien social violemment brisé se renouait aux cris de liberté; la révolution de 89, quelques années suspendue, allait reprendre son essor et redonner une force nouvelle aux droits du peuple. Ces grands résultats expliquent et légitiment l'enthousiasme.

Ainsi se termina la révolution des trois journées. Une nouvelle dynastie, promettant un avenir de progrès et de liberté, montait sur le trône. Nous avons dit les cris d'espérance et de joie qui saluèrent son berceau, notre mission doit s'arrêter là.

La poésie a chanté les trois grandes journées; nous ferons certainement plaisir à nos lecteurs en leur offrant ici, comme couronnement de notre travail, les strophes admirables de M. Victor Hugo.

A LA JEUNE FRANCE.

I.

Frères ! et vous aussi, vous avez vos journées !
Vos victoires, de chêne et de fleurs couronnées,
Vos civiques lauriers, vos morts ensevelis,
Vos triomphes, si beaux à l'aube de la vie,
Vos jeunes étendards, troués à faire envie
    A de vieux drapeaux d'Austerlitz !

Soyez fiers ! — Vous avez fait autant que vos pères !
Les droits d'un peuple entier, conquis par tant de guerres,
Vous les avez tirés tout vivans du linceul.
Juillet vous a donné, pour sauver vos familles,
Trois de ces beaux soleils qui brûlent les Bastilles :
    Vos pères n'en ont eu qu'un seul !

Vous êtes bien leurs fils ! c'est leur sang, c'est leur âme
Qui fit vos bras d'airain et vos regards de flamme !
Ils ont tout commencé : vous avez votre tour.
Votre mère, c'est bien cette France féconde
Qui fait, quand il lui plaît, pour l'exemple du monde,
    Tenir un siècle dans un jour !

L'Angleterre jalouse et la Grèce homérique,
Toute l'Europe admire, et la jeune Amérique
Se lève et bat des mains, du bord des Océans.
Trois jours vous ont suffi pour briser vos entraves !
Vous êtes les aînés d'une race de braves;
    Vous êtes les fils des géans !

C'est pour vous qu'ils traçaient, avec des funérailles,
Ce cercle triomphal de plaines, de batailles,
Chemin victorieux, prodigieux travail,
Qui de France parti pour enserrer la terre
En passant par Moscou, Cadix, Rome et le Caire,
    Va de Jemmape à Montmirail !

Vous êtes les enfans des belliqueux lycées !
Là, vous applaudissiez nos victoires passées,
Tous vos jeux s'ombrageaient des plis d'un étendard :
Souvent Napoléon plein de grandes pensées
Passant, les bras croisés, dans vos lignes pressées,
    Aimanta vos fronts d'un regard !

Aigle qu'ils devaient suivre ! aigle de notre armée,
Dont la plume sanglante en cent lieux est semée,

Dont le tonnerre un soir s'éteignit dans les flots,
Toi qui les a couvés dans l'aire paternelle,
Regarde, et sois joyeuse, et crie, et bats de l'aile !
    Mère ! tes aiglons sont éclos !

II.

Quand notre ville épouvantée,
Surprise un matin et sans voix,
S'éveilla toute garottée
Sous un réseau d'iniques lois,
Chacun de vous dit en son âme :
« C'est une trahison infâme !
» Les peuples ont leur lendemain.
» Pour rendre leur route douteuse,
» Suffit-il qu'une main honteuse
» Change l'écriteau du chemin ?

» La parole éclate et foudroie
» Tous les obstacles imprudens.
» Vérité ! tu sais comme on broie
» Tous les bâillons entre ses dents !
» Un Roi peut te fermer son Louvre;
» Ta flamme importune, on la couvre,
» On la fait éteindre aux valets ;
» Mais elle brûle qui la touche ;
» Mais on ne ferme pas ta bouche
» Comme la porte d'un palais !

» Quoi ! ce que le temps nous amène,
» Quoi ! ce que nos pères ont fait,
» Ce travail de la race humaine,
» Ils nous prendraient tout en effet !
» Quoi ? les lois ! la Charte ! chimère?
» Comme un édifice éphémère
» Nous verrions, dans un jour d'été,
» Crouler sous leurs mains acharnées
» Ton œuvre de quarante années,
» Laborieuse liberté !

» C'est donc pour eux que les épées
» Ont relui du nord au midi ?
» Pour eux que les têtes coupées
» Sur les pavés ont rebondi ?

» C'est pour ces tyrans satellites
» Que nos pères, braves élites,
» Ont dépassé Grecs et Romains?
» Que tant de villes sont désertes?
» Que tant de plaines, jadis vertes,
» Sont blanches d'ossemens humains?

» Les insensés qui font ce rêve
» N'ont-ils donc pas des yeux pour voir?
» Depuis que leur pouvoir s'élève,
» Comme notre horizon est noir!
» N'ont-ils pas vu dans leur folie
» Que déjà la coupe est remplie,
» Qu'on les suit des yeux, en luisant
» Qu'un foudre lointain nous éclaire,
» Et que le lion populaire
» Regarde ses ongles souvent? »

III.

Alors tout se leva. — L'homme, l'enfant, la femme,
Quiconque avait un bras, quiconque avait une âme,
Tout vint, tout accourut ; et la ville à grand bruit
Sur les lourds bataillons se rua jour et nuit.
En vain boulets, obus, la balle et les mitrailles,
De la vieille cité déchiraient les entrailles,
Pavés et pans de murs, croulant sous mille efforts
Aux portes des maisons amoncelaient les morts.
Les bouches des canons trouaient au loin la foule ;
Elle se reformait comme une mer qui roule,
Et, de son râle affreux ameutant les faubourgs,
Le tocsin haletant bondissait dans les tours!

IV.

Trois jours, trois nuits, dans la fournaise,
Tout ce peuple en feu bouillonna,
Crevant l'écharpe béarnaise
Du fer de lance d'Iéna ;
En vain dix légions nouvelles
Vinrent s'abattre à grand bruit d'ailes
Dans le formidable foyer ;
Chevaux, fantassins et cohortes
Fondaient comme des branches mortes
Qui se tordent dans le brasier!

Comment donc as-tu fait pour calmer ta colère,
Souveraine cité, qui vainquis en trois jours?
Comment donc as-tu fait, ô fleuve populaire,
Pour rentrer dans ton lit et reprendre ton cours?
O terre qui tremblais, ô tempête, ô tourmente,
Vengeance de la foule au sourire effrayant,
Comment donc as-tu fait pour être intelligente,
Et pour choisir en foudroyant?

C'est qu'il est plus d'un cœur stoïque
Parmi vous, fils de la cité ;
C'est qu'une jeunesse héroïque
Combattait à votre côté!
Désormais, dans toute fortune,
Vous avez une âme commune
Qui dans tous vos exploits a lui.
Honneur au grand jour qui s'écoule!
Hier vous n'étiez qu'une foule,
Vous êtes un peuple aujourd'hui!

Ces lâches conseillers de bassesse et d'audace,
Voilà donc à quel peuple ils se sont attaqués!
Fléaux qu'aux derniers rois d'une fatale race
Toujours la providence envoie aux jours marqués !
Malheureux qui croyaient dans leur erreur profonde
(Car Dieu les voulait perdre et Dieu les aveuglait)

Qu'on prenait un matin la liberté d'un monde
Comme un oiseau dans un filet!

N'effacez rien. — Le coup d'épée
Embellit le front du soldat :
Laissons à la ville frappée
Les cicatrices du combat.
Adoptons héros et victimes;
Emplissons de ces morts sublimes
Les sépulcres du Panthéon.
Que nul souvenir ne nous pèse :
Rendons sa tombe à Louis seize,
Sa colonne à Napoléon!

V.

Oh ! laissez-moi pleurer sur cette race morte
Que rapporta l'exil et que l'exil remporte,
Vent fatal qui trois fois déjà les enleva !
Reconduisons au moins ces vieux rois de nos pères.
Rends, drapeau de Fleurus, les honneurs militaires
A l'oriflamme qui s'en va!

Je ne leur dirai point de mot qui les déchire,
Qu'ils ne se plaignent pas des adieux de la lyre !
Point d'outrage au vieillard qui s'exile à pas lents !
C'est une piété d'épargner les ruines :
Je n'enfoncerai point la couronne d'épines
Que la main du malheur met sur des cheveux blancs.

D'ailleurs, infortunés ! ma voix achève à peine
L'hymne de leurs douleurs dont s'alonge la chaîne.
L'exil et le tombeau dans mes chants son bénis,
Et tandis que d'un règne on saluera l'aurore,
Ma poésie en deuil ira long-temps encore
De Sainte-Hélène à Saint-Denis.

Mais que la leçon reste, implacable et fatale,
A ces nains, étrangers sur la terre natale,
Qui font régner les rois pour leurs ambitions,
Et, pétrifiant tout sous leur groupe immobile,
Tourmentent, accrouppis, de leur souffle débile,
La cendre rouge encor des révolutions !

VI.

Oh ! l'avenir est magnifique !
Jeunes Français, jeunes amis,
Un siècle pur et pacifique
S'ouvre à vos pas mieux affermis.
Chaque jour aura sa conquête.
Depuis la base jusqu'au faîte
Nous verrons avec majesté,
Comme une mer sur ses rivages,
Monter d'étages en étages
L'irrésistible liberté!

Vos pères hauts de cent coudées,
Ont été forts et généreux.
Les Nations intimidées
Se faisaient adopter par eux.
Ils ont fait une telle guerre
Que tous les peuples de la terre
De la France prenaient le nom,
Quittaient leur passé qui s'écroule,
Et venaient s'abriter en foule
A l'ombre de Napoléon !

Vous n'avez pas l'âme embrâsée
D'une moins belle ambition :
Faites libre toute pensée
Et reine toute Nation.

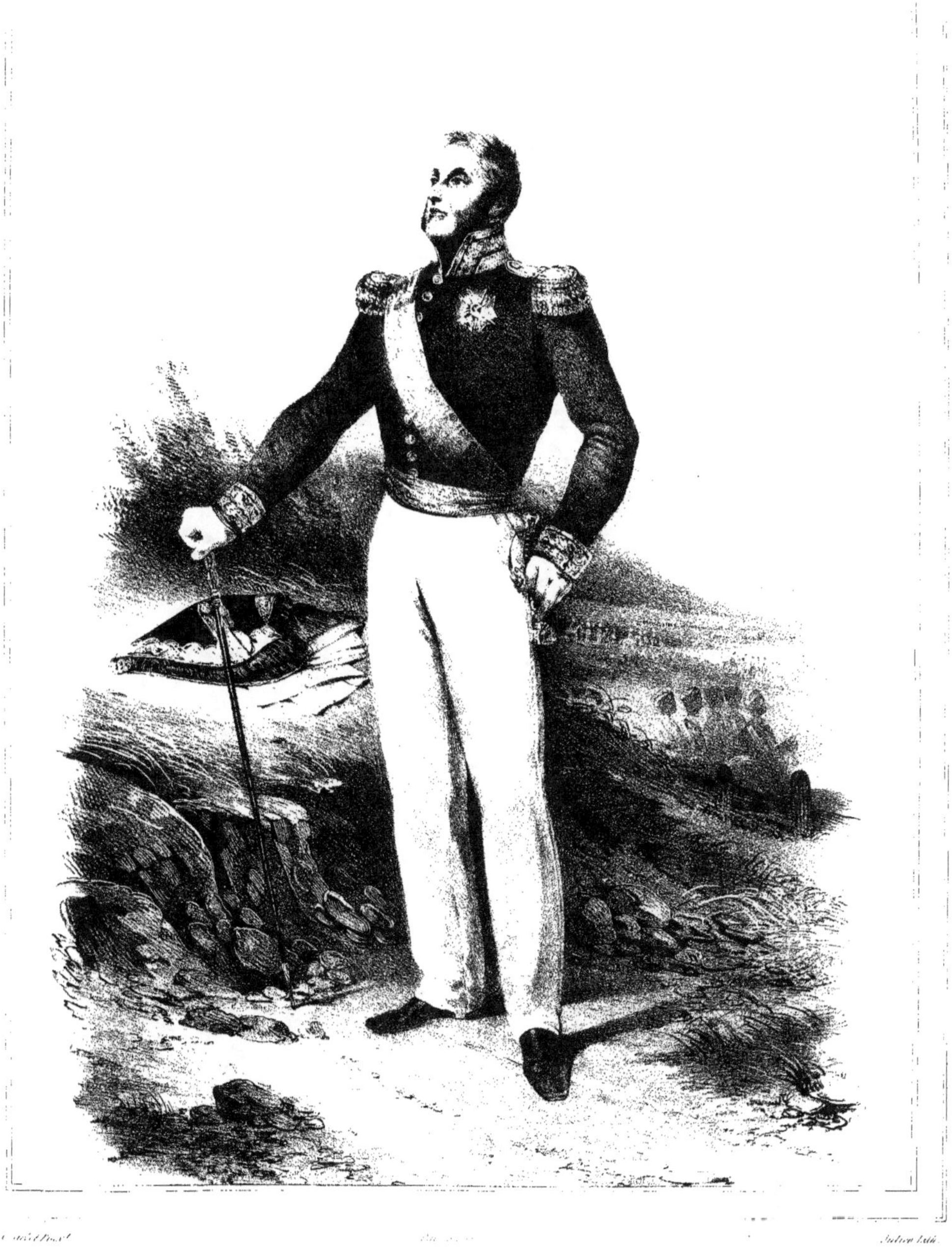

5 Août 1830

Général [illegible]

Commandant en Chef de l'armée [illegible] de Rambouillet

Lith. de [illegible]

Montrez la liberté dans l'ombre
A ceux qui sont dans la nuit sombre,
Allez, éclairez le chemin,
Guidez notre marche unanime,
Et faites vers le but sublime
Doubler le pas au genre humain !

Que l'esprit, dans sa fantaisie,
Suive d'un vol plus détaché,
Ou les arts, ou la poésie,
Ou la science au front penché !
Qu'ouvert à quiconque l'implore,
Le trône ait un écho sonore
Qui, pour rendre le Roi meilleur,
Grossisse et répète sans cesse
Tous les conseils de la sagesse,
Toutes les plaintes du malheur !

Revenez prier sur les tombes,
Prêtres ! qui craignez-vous encor ?
Qu'allez-vous faire aux Catacombes
Tout reluisans de pourpre et d'or ?
Venez. — Mais plus de mitre ardente,
Plus de vaine pompe imprudente,
Plus de trône dans le saint lieu !
Rien que l'aumône et la prière !
La croix de bois, l'autel de pierre
Suffit aux hommes comme à Dieu.

VII.

Et désormais, chargés du seul fardeau des âmes,
Pauvres comme le peuple, humbles comme les femmes,
Ne redoutez plus rien. Votre église est le port !—
Quand long-temps a grondé la bouche du Vésuve,
Quand sa lave, écumant comme un vin dans sa cuve,
   Apparaît toute rouge au bord,

Naples s'émeut, pleurante, effarée et lascive ;
Elle accourt, elle étreint la terre convulsive ;
Elle demande grâce au volcan courroucé ;
Point de grâce ! Un long jet de cendre et de fumée
Grandit incessament sur la cime enflammée,
Comme un cou de vautour, hors de l'aire dressé.

Soudain un éclair luit. — Hors du cratère immense,
La sombre éruption bondit comme en démence,
Adieu le fronton grec et le temple toscan !
La flamme des vaisseaux empourpre la voilure ;
La lave se répand comme une chevelure
   Sur les épaules du volcan.

Elle vient, elle vient, cette lave profonde
Qui féconde les champs et fait des ports dans l'onde.
Plages, mer, archipels, tout tressaille à la fois,
Ses flots roulent, vermeils, fumans, inexorables,
Et Naples et ses palais tremblent plus misérables
Qu'au souffle de l'orage une feuille des bois !

Chaos prodigieux ! la cendre emplit les rues ;
La terre revomit des maisons disparues ;
Chaque toit éperdu se heurte au toit voisin ;
La mer bout dans le golfe et la plaine s'embrâse ;
Et les clochers géans, chancelant sur leurs bases,
   Sonnent d'eux-mêmes le tocsin !

Mais, — c'est Dieu qui le veut, — tout en brisant des villes,
Tout en bouleversant des vallons et des îles,
En jetant bas les tours qu'il dévore en courroux,
En remuant au loin et la mer et la terre,
Toujours Vésuve oublie en son propre cratère
L'humble ermitage où prie un vieux prêtre à genoux !

10 août 1830.   Victor Hugo.

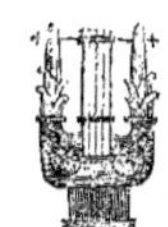

NOTES.

(1) Voici le texte des ordonnances qui ont, sinon causé, du moins motivé l'insurrection.

Charles, etc., sur le rapport de notre conseil des ministres, nous avons ordonné et ordonnons ce qui suit : Art. Iᵉʳ. La liberté de la presse périodique est suspendue.

2. Les dispositions des art. 1ᵉʳ, 2 et 9 du titre 1ᵉʳ de la loi du 21 octobre 1814 sont remises en vigueur. En conséquence, nul journal et écrit périodique ou sémi-périodique, établi ou à établir, sans distinction des matières qui y seront traitées, ne pourra paraître, soit à Paris, soit dans les départements, qu'en vertu de l'autorisation qu'en auront obtenus de nous séparément les auteurs et l'imprimeur. Cette autorisation devra être renouvelée tous les trois mois. Elle pourra être révoquée.

3. L'autorisation pourra être provisoirement accordée et provisoirement retirée par les préfets aux journaux et ouvrages périodiques ou sémi-périodiques publiés ou à publier dans les départements.

4. Les journaux et écrits, publiés en contravention à l'article 2, seront immédiatement saisis. Les presses ou caractères qui auront servi à leur impression seront placés dans un dépôt public et sous scellés, ou mis hors de service.

5. Nul écrit au-dessous de vingt feuilles d'impression ne pourra paraître qu'avec l'autorisation de notre ministre secrétaire d'état de l'intérieur, à Paris, et des préfets dans les départements. Tout écrit de plus de vingt feuilles d'impression, qui ne constituera pas un même corps d'ouvrage, sera également soumis à la nécessité de l'autorisation. Les écrits publiés sans autorisation seront immédiatement saisis. Les presses et caractères qui auront servi à leur impression seront placés dans un dépôt public et sous scellés, ou mis hors de service.

6. Les Mémoires sur procès et les Mémoires des Sociétés savantes ou littéraires seront soumis à l'autorisation préalable, s'ils traitent en tout ou en partie de matières politiques, cas auquel les mesures prescrites par l'article 5 leur seront applicables.

7. Toute disposition contraire aux présentes restera sans effet.

8. L'exécution de la présente ordonnance aura lieu en conformité de l'article 4 de l'ordonnance du 27 novembre 1816 et de ce qui est prescrit par celle du 18 janvier 1817.

9. Nos ministres secrétaires d'état sont chargés de l'exécution des présentes.

Donné en notre château de Saint-Cloud, le vingt-cinq juillet de l'an de grâce mil huit cent trente, et de notre règne le sixième.

CHARLES.

Par le roi :

Signé Polignac, président du conseil. Chantelauze, ministre de la justice. D'Haussez, ministre de la marine. Montbel, ministre des finances. De Guernon-Ranville, ministre des affaires ecclésiastiques et de l'instruction publique. Capelle, ministre des travaux publics. De Peyronnet, ministre de l'intérieur.

Charles, etc., Vu l'article 50 de la Charte constitutionnelle, étant informé des manœuvres qui ont été pratiquées sur plusieurs points de notre royaume, pour tromper et égarer les électeurs pendant les dernières opérations des colléges électoraux ; nous avons ordonné et ordonnons :

Art. 1ᵉʳ. La chambre des députés des départements est dissoute.

2. Notre ministre secrétaire d'état de l'intérieur est chargé de l'exécution de la présente ordonnance.

Saint-Cloud, le 25 juillet 1830.

CHARLES.

Par le roi :

Peyronnet, ministre de l'intérieur.

Charles, etc.,

Art. 1ᵉʳ. Conformément aux articles 15, 37 et 50 de la Charte constitutionnelle, la chambre des députés ne se composera que des députés des départements.

2. Le cens électoral et le cens d'éligibilité se composeront exclusivement des sommes pour lesquelles l'électeur et l'éligible seront inscrits personnellement, en qualité de propriétaire ou d'usufruitier, au rôle de l'imposition foncière, et de l'imposition personnelle et mobilière.

3 Août 1830.

LE Lt Gal COMTE EXCELMANS,

Commandant la Réserve de l'armée patriote à Rambouillet.

3. Chaque département aura le nombre de députés qui lui est attribué par l'art. 36 de la Charte constitutionnelle.

4. Les députés seront élus et la chambre sera renouvelée dans la forme et pour le temps fixés par l'art. 37 de la Charte constitutionnelle.

5. Les colléges électoraux se diviseront en colléges d'arrondissement et colléges de département. Sont toutefois exceptés les colléges électoraux des départements auxquels il n'est attribué qu'un seul député.

6. Les colléges électoraux d'arrondissement se composeront de tous les électeurs dont le domicile politique sera établi dans l'arrondissement. Les colléges électoraux de département se composeront du quart le plus imposé des électeurs du département.

7. La circonscription actuelle des colléges électoraux est maintenue.

8. Chaque collége électoral d'arrondissement élira un nombre de candidats égal au nombre des députés de département.

9. Le collége d'arrondissement se divisera en autant de sections qu'il devra nommer de candidats. Cette division s'opérera proportionnellement au nombre des sections et au nombre total des électeurs du collége, en ayant égard autant qu'il sera possible aux convenances des localités et du voisinage.

10. Les sections du collége électoral d'arrondissement pourront être assemblées dans des lieux différents.

11. Chaque section du collége électoral d'arrondissement élira un candidat et procédera séparément.

12. Les présidents des sections du collége électoral d'arrondissement seront nommés par les préfets, parmi les électeurs de l'arrondissement.

13. Le collége de département élira les députés. La moitié des députés du département devra être choisie dans la liste générale des candidats proposés par les colléges d'arrondissement. Néanmoins, si le nombre des députés du département est impair, le partage se fera sans réduction du droit réservé au collége du département.

14. Dans le cas où, par l'effet d'omissions, de nominations nulles ou de doubles nominations, la liste des candidats proposés par les colléges d'arrondissement serait incomplète ; si cette liste est réduite au-dessous de la moitié du nombre exigé, le collége de département pourra élire un député de plus hors de la liste ; si la liste est réduite au-dessous du quart, le collége de département pourra élire hors de la liste, la totalité des députés de département.

15. Les préfets, les sous-préfets et les officiers généraux commandant les divisions militaires et les départements, ne pourront être élus dans les départements où ils exercent leurs fonctions.

16. La liste des électeurs sera arrêtée par le préfet en conseil de préfecture. Elle sera affichée cinq jours avant la réunion des colléges.

17. Les réclamations sur la faculté de voter, auxquelles il n'aura pas été fait droit par les préfets, seront jugées par la chambre des députés en même temps qu'elle statuera sur la validité des opérations des colléges.

18. Dans les colléges électoraux de département, les deux électeurs les plus âgés et les deux électeurs les plus imposés rempliront les fonctions de scrutateurs. La même disposition sera observée dans les sections de collége d'arrondissement, composées de plus de cinquante électeurs. Dans les autres sections de collége, les fonctions de scrutateurs seront remplies par le plus âgé et par le plus imposé des électeurs. Le secrétaire sera nommé dans le collége ou sections de colléges par le président et les scrutateurs.

19. Nul ne sera admis dans le collége ou section de collége, s'il n'est inscrit sur la liste des électeurs qui doivent en faire partie. Cette liste sera remise au président, et restera affichée dans le lieu des séances du collége pendant le temps de ses opérations.

20. Toute discussion et toute délibération quelconques sont interdites dans le sein des colléges électoraux.

21. La police du collége appartient au président. Aucune force armée ne pourra, sans sa demande, être placée auprès du lieu des séances. Les commandants militaires seront tenus d'obtempérer à ses réquisitions.

22. Les nominations seront faites dans les colléges et sections de collége à la majorité absolue des votes exprimés. Néanmoins, si les nominations ne sont point terminées après deux tours de scrutin, le bureau arrêtera la liste des personnes qui auront obtenu le plus de suffrages au deuxième tour. Elle contiendra un nombre de noms double de celui des nominations qui resteront à faire. Au troisième tour, les suffrages ne pourront être donnés qu'aux personnes inscrites sur cette liste, et la nomination sera faite à la majorité relative.

23. Les électeurs voteront par bulletin de liste. Chaque bulletin contiendra autant de noms qu'il y aura de nominations à faire.

24. Les électeurs écriront leurs votes sur le bureau ou l'y feront écrire par l'un des scrutateurs.

25. Le nom, la qualification et le domicile de chaque électeur qui déposera son bulletin seront inscrits par le secrétaire sur une liste destinée à constater le nombre des votants.

26. Chaque scrutin restera ouvert pendant six heures et sera dépouillé séance tenante.

27. Il sera dressé un procès-verbal de chaque séance. Ce procès-verbal sera signé par tous les membres du bureau.

28. Conformément à l'article 46 de la Charte constitutionnelle, aucun amendement ne pourra être fait à une loi, dans la chambre, s'il n'a été proposé ou consenti par nous, et s'il n'a été renvoyé et discuté dans les bureaux.

29. Toutes dispositions contraires à la présente ordonnance resteront sans effet.

30. Nos ministres secrétaires d'état sont chargés de l'exécution de la présente ordonnance.

Saint-Cloud, le 25 juillet 1830.

Signé du Roi et de tous les Ministres.

Une dernière ordonnance, organisant le personnel convenable au nouvel ordre de choses que l'on voulait établir, nomme conseillers-d'état : MM. *Delavau*, *Vaublan*, *Dudon*, *de Frenilly*, *Franchet*, *Castel-Bajac*, *Syrieys de Marinhac*, *de Curzay*, *Méry de Constades*, etc., etc.

(2) M. Camille-Gaillard; il a long-temps caché son nom, mais découvert enfin, il a été forcé de descendre du siége; c'était justice!

(3) Les mandats d'arrêts lancés le 26 juillet 1830 par M***, juge d'instruction à Paris, près le tribunal de première instance, désignaient les noms suivants :

> Les sieurs Eusèbe Salverte, Demarçay, Clausel, Max. Lamarque, Tircuir de Corcelles, Benjamin Constant, de Bondy, Duris Dufresne, Viennet, Daunou, Lobau, Labbey de Pompières, Mauguin, Devaux, de Grammont, Isambert, Odillon-Barrot, Mérilhou, Ch. Dunoyer, Pajol, Châtelain, Ch. Fabre, Evariste Dumoulin, Cauchois Lemaire, Année, Léon Pillet, Roqueplan, Bohain, Bert, de Lapelouze, J. Coste, Baude, Barbaroux, Gauja, P. Leroux, Mercier, de Briqueville, Jacqueminot, Dupont (de l'Eure), Audry de Puyraveau.

Attendu l'urgence, cinq mandats de dépôt ont été décernés contre les sieurs :

> De Schonen, de Podenas, Chardel, Bavoux, Madier Montjau.

Ordre de surveiller les sieurs :

> Jacq. Laffitte, C. Périer, baron Louis, Gérard, Fabvier, Mathieu Dumas, Lafayette père, Destutt de Tracy fils, de Vatimesnil, Truguet, Montalivet, Ch. Comte, Barthe, Léon Thiessé.

COMPOSITION

DE L'ÉTAT-MAJOR GÉNÉRAL,

DU 29 JUILLET AU 3 AOUT 1830.

NOMS.	GRADES.	NOMS.	GRADES.
LAFAYETTE,	Général en chef.	DE BOUILLÉ (Jules),	Capitaine.
CARBONNEL,	Maréchal-de-camp.	BOUTEILLIER,	id.
SAINT-AIGNAN,	Aide-major-général.	SARRANT (Bernard),	id.
DE LABORDE,	id.	CARUEL,	id.
DE TRACY,	id.	CHASSELOUP-LAUBAT,	id.
TOURTON,	id.	CHODZKO (Léonard),	id.
ZIMMER,	Colonel, chef d'état-major.	LAFITTE (Charles),	id.
FEISTHAMEL,	Lieut.-col., s.-ch. d'ét.-m.	DABRIN,	id.
AUDRY DE PUYRAVEAU,	Colonel.	DESROYE,	id.
PEYRE,	id.	DESPERRIÈRES,	id.
POCQUES,	id.	DUCHAFFAUT,	id.
JOUBERT,	id.	MÉLIN-DUTAILLY,	id.
DELESSERT (Gabriel),	id.	FOY (Alphonse),	id.
DUROUX,	id.	FRESTEL (Alphonse),	id.
FRIAND,	id.	GILBERT DESVOISINS,	id.
ODIOT,	id.	GUINARD,	id.
CARDON,	Lieutenant-colonel.	CONÉGLIANO (baron),	id.
HALLEZ,	id.	LUBBERT,	id.
MORTEMART-BOISSE,	id.	LEBEUF (Louis),	id.
BILLING,	id.	MARCHAIS,	id.
BARRIER,	id.	O'CONNOR,	id.
DECOUSSÉE,	id.	ORANGE,	id.
LAFAYETTE (Georges),	Chef d'escadron.	POISSANT,	id.
LEVASSEUR,	id.	PRITELLY,	id.
THAYER,	id.	RAMPON (Achille),	id.
CURMER,	id.	RENOUARD DE BUSSIÈRE,	id.
HOURDEQUIN,	id.	DE SUSSY,	id.
NODLER (Thomas),	id.	DE SAYSSET,	id.
PERRIER (Joseph),	id.	SEBIRE,	id.
DUMOULIN,	id.	DESTAINS,	id., command' à Chaillot.
SAINT-AIGNAN,	Capitaine.	BAUDRY,	id.
ANDRÉ (Ernest),	id.	VAUCHER,	id.
CORCELLES.	id.	CLERK,	id.
LEFÈVRE,	id.	FRANQUE,	id.
DELARUE,	id.	MARRASTE,	id.
DE RÉMUSAT,	id.	POUSSARD,	id.
THOMAS,	id.	LAMBERT,	Chirurgien-major.
TERNAUX,	id.	PETIT,	Officier d'état-major.
DE LABORDE (Léon),	id.	PINARD,	id.
PERRIER (Adolphe),	id.	MAMÈS,	id.
ANDRÉOSSY,	id.	VALLOD,	id.
FOY (Ferdinand),	id.	VERASSAT,	id.
FRESTEL (Léon),	id.	LETELLIER,	Secrétaire.
DE LASTEYRIE (Jules),	id.	DE CAYEUX,	id.
DE LAUBESPIN (Lionel),	id.	MANTEAU,	id.
BARRIÈRE,	id.	OEUF LA LOUBIÈRE,	id.
BAILLOT (Edmond),	id.	DE VAUDEMONT,	id.
BROCARD,	id.	LE ROYER,	id.
		BARREY,	id.

ORDRE ET CLASSEMENT
DES LITHOGRAPHIES
CONTENUES DANS L'HISTOIRE DE LA RÉVOLUTION DE 1830.

IMPRIMERIE D'HIPPOLYTE TILLIARD,
RUE DE LA HARPE, N° 88.

9 782329 795522